池川クリニック院長
池川 明

赤ちゃんとママの
幸せマタニティダイアリー

二見書房

はじめに

子育ては、赤ちゃんを宿した瞬間から始まります。おなかの赤ちゃんは、外の様子を察し、ママの気持ちを受けとめています。ママの喜びや笑いは、そのまま赤ちゃんに伝わり、「生きるのは楽しい」というメッセージになります。

私は、神奈川県で「池川クリニック」という産婦人科医院を開業しています。ママと赤ちゃんの心身にやさしいお産をもとめて、カンガルーケア（お産のあとすぐの抱っこ）や母乳育児などの取り組みをしてきました。また、胎内記憶（おなかにいたときの記憶）の調査結果をヒントに、生まれる前からの母子の絆《きずな》づくりを提言しています。

何千組もの母子を対象に調査したところ、胎内記憶のあるお子さんは、ゆうに3割を超えています。おなかに宿る前「ママをえらんできた」ことを覚えているお子さんもいます。赤ちゃんには豊かな感覚と意思があることを知ったら、おなかの赤ちゃんにたくさん話しかけたくなりますね。

ぜひ、赤ちゃんがおなかにいるときから、赤ちゃんを感じ、たくさん話しかけ、直感をとぎすませて赤ちゃんの気持ちをくみとる練習をしてください。母子の絆が深まり、コミュニケーションがスムーズになって、生まれたあとの子育てもぐんと楽になると思います。

とはいえ、長いマタニティライフでは、不安がこみあげるとき、ストレスを感じるときもあるでしょう。私の感覚では、95％、つまりほとんどの妊婦さんが不安を抱えています。

不安はゼロにはなりません。不安を無理に打ち消そうとするよりも、「何があっても私は大丈夫」と自分を信じる気持ちを高めるのがよいように思います。また、身の回りのうれしいことや感謝していること（“幸せの種”）をたくさん見つけるのもよいようです。

そうして、自己肯定感を高め、幸せの種を増やしていくことは、幸せなお産、ひいては幸せな子育てにつながります。

このダイアリーには、「赤ちゃんを感じるワーク」や「幸せなお産を迎えるワーク」、「子どもたちの胎内記憶の言葉」など、おなかの赤ちゃんを意識し、幸せなお産を実現するために必要なエッセンスをたくさんもりこみました。

ぜひ、おなかの赤ちゃんを身近に感じて、いまから始まる子育てを楽しんでください。

このダイアリーが、幸せなお産とその先の幸せな暮らしの一助になれば、うれしいです。

池川　明

もくじ

この本の使い方

この本は、〈妊娠の経過とダイアリーのページ〉〈ワークのページ〉〈メッセージコラム〉の、おもに3つで構成されています。それぞれのページについて、見方や使い方をご説明します。

妊娠の経過とダイアリーのページ

●おなかの赤ちゃんの成長と発達について

●ママの体や心の変化、
トラブルなどへのアドバイスなど

●実際の子どもの胎内記憶の言葉、
おなかの赤ちゃんが
身近に感じられます

●日付記入欄。p.8-11の
マタニティ・カレンダーの日付を
参照して書きこみましょう

●その日の出来事、気持ちや
体調などを自由に書きましょう。
週数と日数は排卵日を
0として計算しています

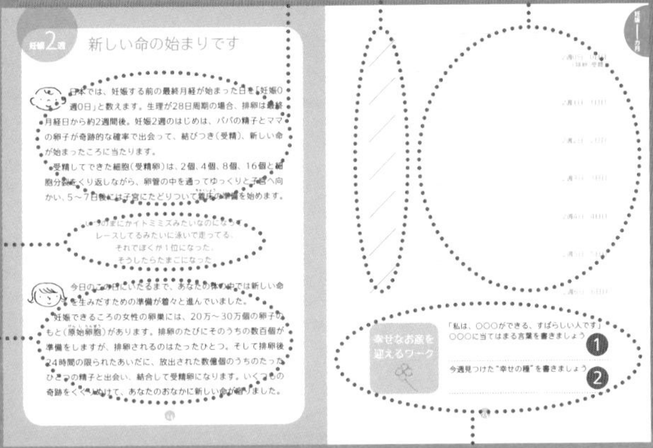

●幸せなお産、幸せな子育てにつながる2つのワーク。❶は「自分を信じる気持ち、自己肯定感を高めるワーク」、❷は「身近な幸せの種を見つけ、感謝するワーク」です。❶は、たとえば「私は、おいしいハンバークを作れるすばらしい人です」「私は、おなかの赤ちゃんを世界一愛しているすばらしい人です」など、自由に書きこんでください。❷は、「パパがごはんを作ってくれた」「赤ちゃんが動いた!」など、うれしかった出来事、幸せを感じた瞬間、周囲の人への感謝の気持ちなどを書きましょう

ワークのページ ＊各月ごと

●おなかの赤ちゃんを身近に感じ、赤ちゃんの気持ちや訴えがわかるように直感をみがくワークです。各月の最終ページにありますが、いつおこなっても、また何度おこなってもかまいません

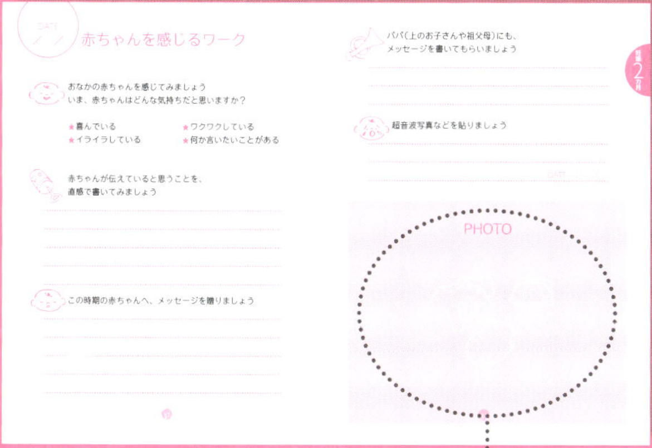

DATE ／ ／

赤ちゃんを感じるワーク

おなかの赤ちゃんを感じてみましょう
いま、赤ちゃんはどんな気持ちだと思いますか？

★喜んでいる　★ワクワクしている
★イライラしている　★何か言いたいことがある

赤ちゃんが伝えていると思うことを、
直感で書いてみましょう

この時期の赤ちゃんへ、メッセージを贈りましょう

パパ（上のお子さんや祖父母）にも、
メッセージを書いてもらいましょう

超音波写真などを貼りましょう

DATE

PHOTO

●超音波写真などを自由に貼りましょう

メッセージコラム ＊各月ごと

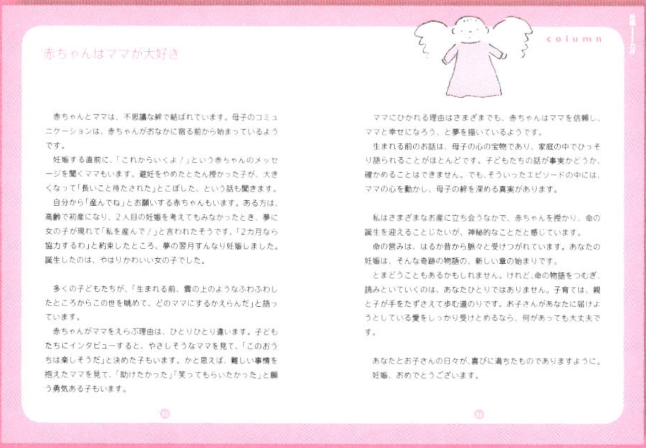

column

赤ちゃんはママが大好き

赤ちゃんとママは、不思議な絆で結ばれています。母子のコミュニケーションは、赤ちゃんがおなかに宿る前から始まっているようです。

妊娠する直前に、「これからいくよ！」という赤ちゃんのメッセージを聞くママもいます。避妊をやめたとたん授かった子が、大きくなって「長いこと待たされた」とこぼした、という話も聞きます。

自分から「産んでね」とお願いする赤ちゃんもいます。ある方は、高齢で初産になり、２人目の妊娠を考えてもみなかったとき、夢に女の子が現れて「私を産んで！」と言われたそうです。「2カ月なら協力するわ」と約束したところ、夢の翌月すんなり妊娠しました。誕生したのは、やはりかわいい女の子でした。

多くの子どもたちが、「生まれる前、雲の上のようなふわふわしたところからこの世を眺めて、どのママにするかえらんだ」と語っています。

赤ちゃんがママをえらぶ理由は、ひとりひとり違います。子どもたちにインタビューすると、やさしそうなママを見て、「このおうちは楽しそうだ」と決めた子もいます。かと思えば、難しい事情を抱えたママを見て、「助けたかった」「笑ってもらいたかった」と願う勇気ある子もいます。

ママにひかれる理由はさまざまでも、赤ちゃんはママを信頼し、ママと幸せになろう、と夢を描いているようです。

生まれる前のお話は、母子の心の宝物であり、家庭の中でひっそり語られることがほとんどです。子どもたちの話が事実かどうか、確かめることはできません。でも、そういったエピソードの中には、ママの心を動かし、母子の絆を深める真実があります。

私はさまざまなお産に立ち会うなかで、赤ちゃんを授かり、命の誕生を迎えることじたいが、神秘的なことだと感じています。

命の営みは、はるか昔から脈々と受けつがれています。あなたの妊娠は、そんな奇跡の物語の、新しい章の始まりです。

とまどうこともあるかもしれません。けれど、命の物語をつむぎ、読みといていくのは、あなたひとりではありません。子育ては、親と子が手をたずさえて歩む道のりです。お子さんがあなたに届けようとしている愛をしっかり受けとめるなら、何があっても大丈夫です。

あなたとお子さんの日々が、喜びに満ちたものでありますように。
妊娠、おめでとうございます。

●該当月のママとパパに役立つメッセージを載せています

マタニティ・カレンダー

あなただけのオリジナル・マタニティ・カレンダーを作りましょう。
40週0日の欄に、あなたの出産予定日の日付を書きこみます。

	1カ月		2カ月		3カ月
0週	0日 ／	4週	0日 ／	8週	0日 ／
	1日 ／		1日 ／		1日 ／
	2日 ／		2日 ／		2日 ／
	3日 ／		3日 ／		3日 ／
	4日 ／		4日 ／		4日 ／
	5日 ／		5日 ／		5日 ／
	6日 ／		6日 ／		6日 ／
1週	0日 ／	5週	0日 ／	9週	0日 ／
	1日 ／		1日 ／		1日 ／
	2日 ／		2日 ／		2日 ／
	3日 ／		3日 ／		3日 ／
	4日 ／		4日 ／		4日 ／
	5日 ／		5日 ／		5日 ／
	6日 ／		6日 ／		6日 ／
2週	0日 ／ 排卵日・受精日	6週	0日 ／	10週	0日 ／
	1日 ／		1日 ／		1日 ／
	2日 ／		2日 ／		2日 ／
	3日 ／		3日 ／		3日 ／
	4日 ／		4日 ／		4日 ／
	5日 ／		5日 ／		5日 ／
	6日 ／		6日 ／		6日 ／
3週	0日 ／	7週	0日 ／	11週	0日 ／
	1日 ／		1日 ／		1日 ／
	2日 ／		2日 ／		2日 ／
	3日 ／		3日 ／		3日 ／
	4日 ／		4日 ／		4日 ／
	5日 ／		5日 ／		5日 ／
	6日 ／		6日 ／		6日 ／

そこから1日ずつ日付をさかのぼって、記入していきましょう。
2週0日が、受精したと思われる日になります。
日付以外のスペースには、健診などの予定を書きこみましょう。

4カ月		5カ月		6カ月	
12週	0日 ／	16週	0日 ／	20週	0日 ／
	1日 ／		1日 ／		1日 ／
	2日 ／		2日 ／		2日 ／
	3日 ／		3日 ／		3日 ／
	4日 ／		4日 ／		4日 ／
	5日 ／		5日 ／		5日 ／
	6日 ／		6日 ／		6日 ／
13週	0日 ／	17週	0日 ／	21週	0日 ／
	1日 ／		1日 ／		1日 ／
	2日 ／		2日 ／		2日 ／
	3日 ／		3日 ／		3日 ／
	4日 ／		4日 ／		4日 ／
	5日 ／		5日 ／		5日 ／
	6日 ／		6日 ／		6日 ／
14週	0日 ／	18週	0日 ／	22週	0日 ／
	1日 ／		1日 ／		1日 ／
	2日 ／		2日 ／		2日 ／
	3日 ／		3日 ／		3日 ／
	4日 ／		4日 ／		4日 ／
	5日 ／		5日 ／		5日 ／
	6日 ／		6日 ／		6日 ／
15週	0日 ／	19週	0日 ／	23週	0日 ／
	1日 ／		1日 ／		1日 ／
	2日 ／		2日 ／		2日 ／
	3日 ／		3日 ／		3日 ／
	4日 ／		4日 ／		4日 ／
	5日 ／		5日 ／		5日 ／
	6日 ／		6日 ／		6日 ／

週	7カ月	週	8カ月	週	9カ月
	0日 ／		0日 ／		0日 ／
	1日 ／		1日 ／		1日 ／
	2日 ／		2日 ／		2日 ／
24週	3日 ／	28週	3日 ／	32週	3日 ／
	4日 ／		4日 ／		4日 ／
	5日 ／		5日 ／		5日 ／
	6日 ／		6日 ／		6日 ／
	0日 ／		0日 ／		0日 ／
	1日 ／		1日 ／		1日 ／
	2日 ／		2日 ／		2日 ／
25週	3日 ／	29週	3日 ／	33週	3日 ／
	4日 ／		4日 ／		4日 ／
	5日 ／		5日 ／		5日 ／
	6日 ／		6日 ／		6日 ／
	0日 ／		0日 ／		0日 ／
	1日 ／		1日 ／		1日 ／
	2日 ／		2日 ／		2日 ／
26週	3日 ／	30週	3日 ／	34週	3日 ／
	4日 ／		4日 ／		4日 ／
	5日 ／		5日 ／		5日 ／
	6日 ／		6日 ／		6日 ／
	0日 ／		0日 ／		0日 ／
	1日 ／		1日 ／		1日 ／
	2日 ／		2日 ／		2日 ／
27週	3日 ／	31週	3日 ／	35週	3日 ／
	4日 ／		4日 ／		4日 ／
	5日 ／		5日 ／		5日 ／
	6日 ／		6日 ／		6日 ／

10カ月

週	日
36週	0日 ／
	1日 ／
	2日 ／
	3日 ／
	4日 ／
	5日 ／
	6日 ／
37週	0日 ／
	1日 ／
	2日 ／
	3日 ／
	4日 ／
	5日 ／
	6日 ／
38週	0日 ／
	1日 ／
	2日 ／
	3日 ／
	4日 ／
	5日 ／
	6日 ／
39週	0日 ／
	1日 ／
	2日 ／
	3日 ／
	4日 ／
	5日 ／
	6日 ／

週	日
40週	0日 ／ 出産予定日
	1日 ／
	2日 ／
	3日 ／
	4日 ／
	5日 ／
	6日 ／
41週	0日 ／
	1日 ／
	2日 ／
	3日 ／
	4日 ／
	5日 ／
	6日 ／
42週	0日 ／
	1日 ／
	2日 ／
	3日 ／
	4日 ／
	5日 ／
	6日 ／
43週	0日 ／
	1日 ／
	2日 ／
	3日 ／
	4日 ／
	5日 ／
	6日 ／

産後1カ月

週	日
1週目	0日 ／
	1日 ／
	2日 ／
	3日 ／
	4日 ／
	5日 ／
	6日 ／
2週目	7日 ／
	8日 ／
	9日 ／
	10日／
	11日／
	12日／
	13日／
3週目	14日／
	15日／
	16日／
	17日／
	18日／
	19日／
	20日／
4週目	21日／
	22日／
	23日／
	24日／
	25日／
	26日／
	27日／

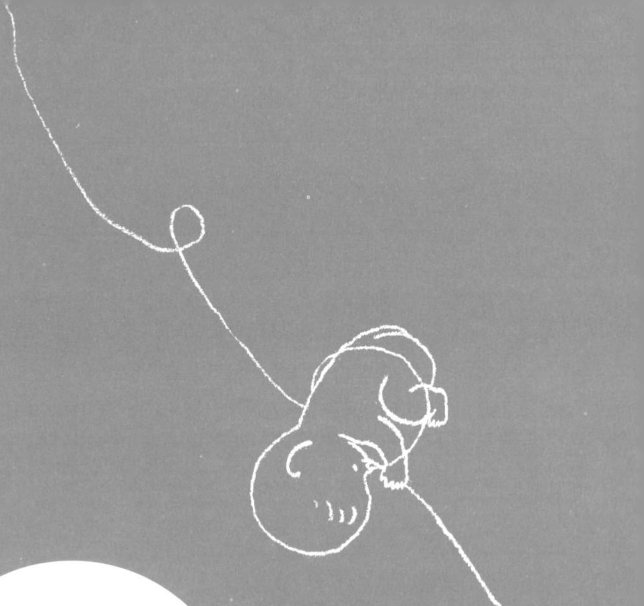

妊娠1カ月

受精と着床という、命の神秘の始まりです。
妊娠の自覚症状はありませんが、
光がおなかに入るのを感じたり、
上のお子さんに「赤ちゃんがいるよ」と教えられるママもいます。

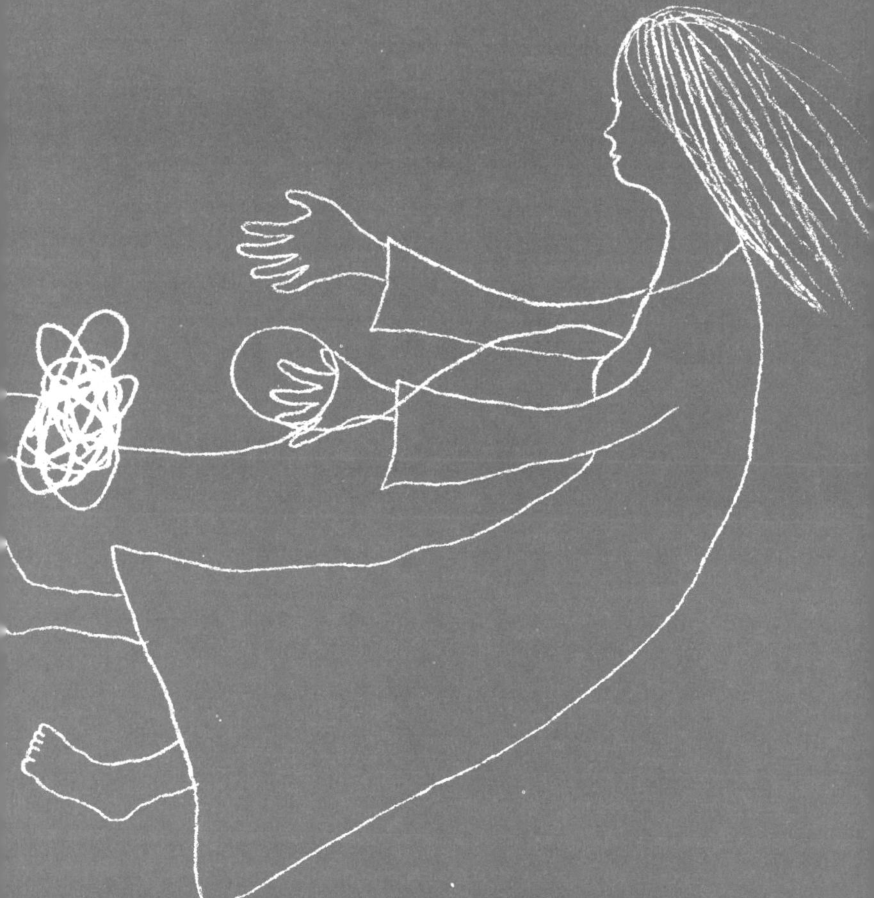

妊娠2週

新しい命の始まりです

日本では、妊娠する前の最終月経が始まった日を「妊娠0週0日」と数えます。生理が28日周期の場合、排卵は最終月経日から約2週間後。妊娠2週のはじめは、パパの精子とママの卵子が奇跡的な確率で出会って、結びつき（受精）、新しい命が始まったころに当たります。

受精してできた細胞（受精卵）は、2個、4個、8個、16個と細胞分裂をくり返しながら、卵管の中を通ってゆっくりと子宮へ向かい、5～7日後には子宮にたどりついて着床《ちゃくしょう》の準備を始めます。

「いつのまにかイトミミズみたいなのになって
レースしてるみたいに泳いで走ってる。
それでぼくが1位になった。
そうしたらたまごになった」

今日のこの日にいたるまで、あなたの体の中では新しい命を生みだすための準備が着々と進んでいました。

妊娠できるころの女性の卵巣には、20万～30万個の卵子のもと（原始卵胞《げんしらんぽう》）があります。排卵のたびにそのうちの数百個が準備をしますが、排卵されるのはたったひとつ。そして排卵後24時間の限られたあいだに、放出された数億個のうちのたったひとつの精子と出会い、結合して受精卵になります。いくつもの奇跡をくぐりぬけて、あなたのおなかに新しい命が宿りました。

2週0日＝0日目
（排卵・受精）

2週1日＝1日目

2週2日＝2日目

2週3日＝3日目

2週4日＝4日目

2週5日＝5日目

2週6日＝6日目

幸せなお産を迎えるワーク

「私は、〇〇〇ができる、すばらしい人です」
〇〇〇に当てはまる言葉を書きましょう

今週見つけた“幸せの種”を書きましょう

妊娠3週

着床しました

子宮の内側（子宮内膜）は、ホルモンの働きで、ふかふかのベッドのようにやわらかく厚くなっています。子宮にたどりついた受精卵は、子宮内膜にくっつき、中にもぐりこみます。２～３日かけて完全にもぐりこんだら、「着床」の完了。医学的には、ここで妊娠の成立となります。

このころの赤ちゃんは「胎芽《たいが》」とよばれ、「胎のう」とよばれる袋に入っています。わずか0.1ミリととても小さく、赤ちゃんの姿が超音波検査で見られるようになるのは、まだ先のことです。

「ママのおなかに入ったとき、長いひもがあって、
自分のおなかにくっつけたの。かんたんだよ」

妊娠おめでとうございます！　奇跡的な確率で受精しても、受精卵の５分の４が途中で成長をとめてしまい、着床にいたる前に消えてしまいます。無事に着床するということは、とても幸運なできごとなのです。

着床のころ、ごくわずかな出血が見られることがあります。時期的に生理が始まるころなので、区別がつきにくいですが、生理の血とはちがい、鮮血または薄い茶色で、とくに痛みはともないません。あとから考えて、「もしかしてあれが…」と思いいたる方もいるかもしれませんね。早ければこの週の終わりに、妊娠検査薬でうっすらと反応が出る方もいます。

3週0日＝7日目

3週1日＝8日目

3週2日＝9日目

3週3日＝10日目

3週4日＝11日目

3週5日＝12日目

3週6日＝13日目

幸せなお産を迎えるワーク

「私は、○○○ができる、すばらしい人です」
○○○に当てはまる言葉を書きましょう

今週見つけた“幸せの種”を書きましょう

DATE
／　／

妊娠おめでとうございます！

妊娠がわかった日はいつですか？　どんな状況でしたか？

妊娠がわかったときの気持ちを書きとめておきましょう

パパにも書いてもらいましょう

どんなお産がしたいですか？　今はまだわからないかもしれませんが、お産のイメージが描けたら書いてみましょう。妊娠中にイメージが変わったら、そのつど書いて、変化を楽しみましょう

赤ちゃんはママが大好き

赤ちゃんとママは、不思議な絆で結ばれています。母子のコミュニケーションは、赤ちゃんがおなかに宿る前から始まっているようです。

妊娠する直前に、「これからいくよ！」という赤ちゃんのメッセージを聞くママもいます。避妊をやめたとたん授かった子が、大きくなって「長いこと待たされた」とこぼした、という話も聞きます。

自分から「産んでね」とお願いする赤ちゃんもいます。ある方は、高齢で初産になり、2人目の妊娠を考えてもみなかったとき、夢に女の子が現れて「私を産んで！」と言われたそうです。「2カ月なら協力するわ」と約束したところ、夢の翌月すんなり妊娠しました。誕生したのは、やはりかわいい女の子でした。

多くの子どもたちが、「生まれる前、雲の上のようなふわふわしたところからこの世を眺めて、どのママにするかえらんだ」と語っています。

赤ちゃんがママをえらぶ理由は、ひとりひとり違います。子どもたちにインタビューすると、やさしそうなママを見て、「このおうちは楽しそうだ」と決めた子もいます。かと思えば、難しい事情を抱えたママを見て、「助けたかった」「笑ってもらいたかった」と願う勇気ある子もいます。

column

ママにひかれる理由はさまざまでも、赤ちゃんはママを信頼し、ママと幸せになろう、と夢を描いているようです。

生まれる前のお話は、母子の心の宝物であり、家庭の中でひっそり語られることがほとんどです。子どもたちの話が事実かどうか、確かめることはできません。でも、そういったエピソードの中には、ママの心を動かし、母子の絆を深める真実があります。

私はさまざまなお産に立ち会うなかで、赤ちゃんを授かり、命の誕生を迎えることじたいが、神秘的なことだと感じています。

命の営みは、はるか昔から脈々と受けつがれています。あなたの妊娠は、そんな奇跡の物語の、新しい章の始まりです。

とまどうこともあるかもしれません。けれど、命の物語をつむぎ、読みといていくのは、あなたひとりではありません。子育ては、親と子が手をたずさえて歩む道のりです。お子さんがあなたに届けようとしている愛をしっかり受けとめるなら、何があっても大丈夫です。

あなたとお子さんの日々が、喜びに満ちたものでありますように。

妊娠、おめでとうございます。

妊娠2カ月

赤ちゃんの体の基本的な器官が形成される、
大切な時期です。
ホルモンの影響で
神経過敏になるママもいますが、
赤ちゃんを守るための生理現象で、
いずれおさまります。

妊娠4週

器官がつくられはじめます

赤ちゃんはまだ丸い細胞の形ですが、まず頭になる部分、お尻になる部分がわかるようになります。続いて３つの層に分かれて、それぞれが、赤ちゃんの体のさまざまな器官をつくっていきます。この週の終わりごろには、早くも、心臓や中枢神経系のもとになるもの、血液や血管のもとになるものがつくられはじめます。

この週から妊娠10週ごろまでは「器官形成期」とよばれ、このあいだに、赤ちゃんは人としての基本的な器官をほぼつくり終えます。まるで、地球に生命が誕生してから人類に到達するまでの40億年の歴史を再現しているかのような、不思議で壮大な営みです。

「ママを決めた理由は、好きになったから。
大好きになっちゃったから」

生理周期が28日の場合、この週のはじめは、次の生理予定日あたりになります。生理が規則正しければ、「妊娠？」と気づく人もいるでしょう。妊娠検査薬で陽性の結果が出る人も増えてきます。早くも、体がだるい、熱っぽい、眠い、乳房が張るなどの体調の変化を感じる人もいます。妊娠に気づいた人もまだの人も、おなかの中では、赤ちゃんがめざましい成長をとげていますよ。

4週0日＝14日目

4週1日＝15日目

4週2日＝16日目

4週3日＝17日目

4週4日＝18日目

4週5日＝19日目

4週6日＝20日目

幸せなお産を迎えるワーク

「私は、○○○ができる、すばらしい人です」
○○○に当てはまる言葉を書きましょう

今週見つけた“幸せの種”を書きましょう

妊娠5週

胎のうが確認できます

赤ちゃんは、細長いタツノオトシゴのような形になってきました。大きさも、2ミリから、この週の終わりには5～6ミリまでに成長します。神経細胞がつくられはじめ、ものすごいスピードで増えていきます。心臓につながる大動脈もつくられはじめ、心臓が動く準備もととのってきました。のちに手足となる部分には、小さな突起ができてきましたよ。

このくらい(5ミリぐらい)のとき、
ママの体の中では自由に動けたんだ

「生理の遅れ？」と思っていた方も、そろそろ妊娠に気づくころでしょう。超音波検査では、赤ちゃんの入っている袋(胎のう)と、赤ちゃんに栄養を補給している丸いリング(卵黄のう)が見えて、妊娠を確認することができます。でも、小さすぎて、まだ赤ちゃん自身の姿は見えません。

体の重要な器官がつくられるこの時期の赤ちゃんは、食事や薬などの影響を受けやすい状態にあります。薬を服用するときは、必ず主治医に相談しましょう。妊娠とわかる前にのんでしまった場合は、市販薬を用法を守って正しく服用していたなら、まず心配はありません。どうしても気になる方は、主治医に相談してみてください。

5週0日＝21日目

5週1日＝22日目

5週2日＝23日目

5週3日＝24日目

5週4日＝25日目

5週5日＝26日目

5週6日＝27日目

幸せなお産を
迎えるワーク

「私は、○○○ができる、すばらしい人です」
○○○に当てはまる言葉を書きましょう

今週見つけた“幸せの種”を書きましょう

妊娠6週

心拍の確認ができます

このころの赤ちゃんは、足を折り曲げているため、大きさは頭殿長《とうでんちょう》（頭からお尻までの長さ）で表します。６週の赤ちゃんの頭殿長は約10ミリ。もう１センチにもなるのです！

のど元にはえらのようなもの、お尻にはしっぽも生えていますが、おなかのあたりがふっくらとしてきて、ただの突起だった手足は少しずつ形ができてきました。顔のあたりには、将来、目や耳、口になる部分が現れはじめました。肝臓や胃や腸などの内臓もつくられはじめ、腎臓はもうすぐできあがりです。生殖器の形成も、早くもスタートします。

「赤ちゃんはまるいボールみたいになって、
ママの口からおなかに入るんだよ」

この週になると、超音波検査で赤ちゃんの心拍（心臓の鼓動）が確認できます。胎のうの中に小さな赤ちゃん（胎芽）の姿が見え、心臓がピカピカと点滅しているように動いているのが確認できるでしょう。

このころ、２割ぐらいの方に、わずかな出血が見られることがあります。すぐに流産につながるわけではありませんが、心配なときは主治医に相談しましょう。またホルモンの影響で、気持ちが落ちこんだり、イライラしたりと感情の変化が激しくなることも。パパや家族に協力してもらって、ゆったり過ごしましょう。

6週0日＝28日目

6週1日＝29日目

6週2日＝30日目

6週3日＝31日目

6週4日＝32日目

6週5日＝33日目

6週6日＝34日目

幸せなお産を迎えるワーク

「私は、○○○ができる、すばらしい人です」
○○○に当てはまる言葉を書きましょう

今週見つけた“幸せの種”を書きましょう

妊娠7週　つわりはメッセージ？

赤ちゃんの大きさ（頭殿長）は９～15ミリ、重さは約４グラムになりました。

赤ちゃんに栄養や酸素を補給する胎盤《たいばん》の形成が始まります。肺もつくられはじめますが、機能するようになるのはまだまだ先のことです。脳や脊髄《せきずい》などの神経細胞はすでに約８割ができあがり、心臓も４つの部屋に分かれつつあります。肝臓や腎臓も大きくなってきました。顔部分には、将来唇になる部分や、あごになる部分もつくられはじめましたよ。

「おなかの中、赤くて、あったかかったよ」

そろそろ、つわりが本格的に始まる方もいるでしょう。早い方は5週ぐらいから始まります。つわりには個人差があり、中にはまったくないという人もいます。

つわりがひどい時期は、ちょうど赤ちゃんの重要な器官がつくられる器官形成期に当たります。もしかしたら、つわりは、「食べ物に注意を払って」とか「危ないものはなるべく食べないで」という赤ちゃんのメッセージかもしれません。そう考えると、少しがんばれそうではないですか？

ただし、激しい嘔吐《おうと》が続くときは、脱水状態や栄養失調になるおそれがあります。点滴によって、水分、ブドウ糖、ビタミンなどを補給する必要があるので、主治医に相談しましょう。

7週0日＝35日目

7週1日＝36日目

7週2日＝37日目

7週3日＝38日目

7週4日＝39日目

7週5日＝40日目

7週6日＝41日目

幸せなお産を迎えるワーク

「私は、〇〇〇ができる、すばらしい人です」
〇〇〇に当てはまる言葉を書きましょう

今週見つけた“幸せの種”を書きましょう

DATE
/ /

赤ちゃんを感じるワーク

おなかの赤ちゃんを感じてみましょう
いま、赤ちゃんはどんな気持ちだと思いますか？

★喜んでいる
★イライラしている
★ワクワクしている
★何か言いたいことがある

赤ちゃんが伝えていると思うことを、
直感で書いてみましょう

この時期の赤ちゃんへ、メッセージを贈りましょう

パパ（上のお子さんや祖父母）にも、
メッセージを書いてもらいましょう

超音波写真などを貼りましょう

DATE　／　／

PHOTO

赤ちゃんは気づいています

赤ちゃんは、おなかの中でさまざまなことを感じています。

子どもたちは、おなかの中は「暗かった」「赤かった」「あたたかかった」と語っています。「泳いでいた」「キックしていた」「指をしゃぶっていた」と、自分の動きを覚えているお子さんもいます。

「ママやパパの声が聞こえた」と語るお子さんもいます。赤ちゃんはおなかの皮膚のすぐ下にいますし、とくにママの声は骨伝導なので、よく響くのです。

言葉を話せるようになったお子さんに、おなかをなでながらよく言っていたせりふや、胎児名（おなかの赤ちゃんの呼びかけに使う仮の名前）、よくうたった歌を言い当てられたという話は、しばしば聞きます。

おなかの中は、おおむね、あたたかくて気持ちよくて楽しいところのようです。子どもたちは、「楽しかった」「気持ちよかった」「おなかにもどりたいな」と、ポジティブな記憶として語ります。

でも、中には「さみしかった」「いやだった」「早く出たかった」などと語るお子さんもいます。そう言う子のママに聞いてみると、妊娠中ずっとストレスを抱えていたり、忙しくて赤ちゃんを意識する

余裕がなかったなどと教えてくれることが多いです。

赤ちゃんはママと一心同体です。へその緒は、赤ちゃんに必要な栄養を送りこむだけでなく、さまざまなホルモンを通して、ママの心の様子も伝えます。おなかの中で五感が発達するずっと前から、あなたの気持ちは赤ちゃんに伝わっているのです。

赤ちゃんが宿った瞬間から、絆づくりを始めましょう。難しいことではありません。すてきなものを見たり聞いたりしたら「楽しいね」、お散歩しながら「いいお天気ね」、食事しながら「おいしいね」と語りかけてあげてください。

口にするのがはずかしければ、心の中で呼びかけてみましょう。赤ちゃんを思う気持ちは、きっと伝わります。

不安やさみしさ、ストレスを、ないものとしたり、無理に打ち消す必要はありません。そうしようと意識すればするほど、心の中はそれらでいっぱいになってしまいます。

そんなときは、赤ちゃんがあなたとともにいて、一緒に喜んだり悲しんだりしていることを、感じてください。そして、赤ちゃんやパパ、家族に感謝する気持ち、家族がいてうれしい気持ちを思い出してください。

赤ちゃんはいつも、あなたの味方です。そして、あなたのマタニティライフの、最高のパートナーなのです。

妊娠3カ月

赤ちゃんの体はぐんぐん大きくなり、
人としての基本的な構造がほぼ完成します。
引きつづき、健康的な食事を心がけましょう。
この月の終わりには、流産のおそれがほぼなくなります。

妊娠8週

皮膚の感覚が働きはじめます

妊娠3カ月に入りました！　赤ちゃんは、すでにおなかの中で40日も過ごしたことになります。赤ちゃんの大きさ（頭殿長）は16～20ミリ。えらやしっぽは目立たなくなり、胴と頭の区別がつきはじめて、2頭身の人間の赤ちゃんらしい姿になってきました。

まだまだ小さいですが、手は伸びてきて指の形も現れはじめます。運がよければ、手足を動かしている様子が超音波で見られるでしょう。顔部分には、まぶたが形成されて目が発達し、鼻らしきものも現れてきました。生えるのは生まれたあとですが、乳歯のもともできてきます。

「雲の上からパパとママをさがして、
そしていまのパパとママをえらんだんだよ」

胸やけや食欲不振など、つわりのピークを迎えます。つわりがひどいときは、「食べたいときに、食べたいものを、食べたいだけ」で大丈夫。ママの体にこれまで蓄えられてきた栄養で、きちんと赤ちゃんは育ちます。

とはいえ、添加物の多いレトルト食品や、テイクアウトのお総菜などは、なるべく避けてください。なぜかフライドポテトなら食べられるという方も多いのですが、ほどほどにしましょう。

8週0日＝42日目

8週1日＝43日目

8週2日＝44日目

8週3日＝45日目

8週4日＝46日目

8週5日＝47日目

8週6日＝48日目

幸せなお産を迎えるワーク

「私は、○○○ができる、すばらしい人です」
○○○に当てはまる言葉を書きましょう

今週見つけた“幸せの種”を書きましょう

妊娠9週

手足の指が分かれてきます

赤ちゃんの大きさ(頭殿長)は、24〜32ミリになりました。しっぽはほとんどなくなり、胴が伸びて、丸まっていた体もまっすぐになってきました。手足も伸び、水かきのようなものでつながっていた指は、1本ずつ分かれてきました。耳と鼻の形、唇もだいぶできてきて、人間らしい顔に近づいてきました。

脳の表面の組織も発達しはじめ、骨の形成もスタートしました。外性器もつくられはじめました。

赤ちゃんは、この週の終わりまでに、重要な器官の大半をつくり終えます。器官形成期もそろそろ終盤です。

「ぼくは、ママがかわいいから、ここにきたんだよ。
神さまがせなかを押してくれて、ここにきた」

つわりのピークが続いていて、つらい方も多いでしょう。つわりは、がんばっても治るものではありません。「いつかは終わる」と割り切って、時が過ぎるのを待つ気持ちも大切だと思います。

また、体がだるい、熱っぽいなどの症状が続いている人もいます。便秘に悩まされたり、おりものが増えてきたり、乳房が張って痛みを感じるなど不快症状も増えてきます。休息を十分とって、無理をせず、リラックスして過ごしましょう。

9週0日＝49日目

9週1日＝50日目

9週2日＝51日目

9週3日＝52日目

9週4日＝53日目

9週5日＝54日目

9週6日＝55日目

幸せなお産を迎えるワーク

「私は、○○○ができる、すばらしい人です」
○○○に当てはまる言葉を書きましょう

今週見つけた“幸せの種”を書きましょう

妊娠10週

胎芽から胎児になります

赤ちゃんの大きさ（頭殿長）は33～41ミリに。このころから、胎芽ではなく「胎児」とよばれるようになります。

しっぽや、指の間の水かきは完全に消え、頭、胴、足の区別もはっきりしてきて、ますます人間らしくなってきます。皮膚は厚く、骨や筋肉もしっかりとしてきました。心臓は４つの部屋に分かれて完成し、大人と同じように働きはじめました。

この週の終わりごろから、皮膚の感覚も働きはじめます。人間の感覚器官の中で、もっとも早く機能しはじめるのが皮膚です。ママのおなかの表面から赤ちゃんまでの距離はわずか数センチですから、おなかに手を当てると、そのぬくもりは赤ちゃんに伝わります。聴覚はまだ発達していませんが、ママの声は、振動による音の情報として、皮膚を通して伝わっていますよ。

「パパとママが、おなかなでなでして
とんとんして、お話ししてた」

赤ちゃんの体がぐんぐん大きくなる時期を迎えます。つわりがおさまってきたら、食生活の栄養バランスを見直しましょう。ビタミンやミネラルをしっかりとると、貧血やこむら返りといったトラブルの予防になるだけでなく、赤ちゃんの脳の神経発達をうながすことができます。旬の食べ物には、ビタミンやミネラルが多く含まれますから、ぜひ積極的に食べてください。

10週0日＝56日目

10週1日＝57日目

10週2日＝58日目

10週3日＝59日目

10週4日＝60日目

10週5日＝61日目

10週6日＝62日目

幸せなお産を迎えるワーク

「私は、○○○ができる、すばらしい人です」
○○○に当てはまる言葉を書きましょう

今週見つけた“幸せの種”を書きましょう

妊娠11週 おもな臓器はほぼ完成です

赤ちゃんの大きさ(頭殿長)は42～52ミリ。体重は約20グラム、いちご1個分と同じくらいの重さになりました。

器官形成期もこの週で終わり、おもな臓器はひととおり完成しました。これからはその器官の成長と、体を大きくする時期に入ります。腎臓も働きはじめ、おしっこを少しずつ羊水《ようすい》の中に排出するようになります。赤ちゃんはそのおしっこを飲んで、さらにその一部が、またおしっことして羊水へもどっていきます。おしっこといっても、完全に無菌なので、けっして汚くないんですよ。

「水をごくごく飲んで、
ぴゅーって、おしっこしとった」

つわりのピークが過ぎ、徐々に食欲がもどってきます。赤ちゃんのためにも、毎日の食事を、添加物の少ない自然のものに近づけていきましょう。望ましいのは「薄味の和食」です。砂糖は控えて、甘味はたとえば黒砂糖やはちみつなど天然のものがいいでしょう。塩分も控えめにして、使うのはミネラルの多い海塩がおすすめです。

ビタミンや食物繊維の多いプルーン、キウイ、グレープフルーツ、葉酸の多いいちごなどの果物もおすすめです。ただし、果物には果糖が多く含まれているため、食べすぎると尿糖の原因になります。注意しましょう。

11週0日＝63日目

11週1日＝64日目

11週2日＝65日目

11週3日＝66日目

11週4日＝67日目

11週5日＝68日目

11週6日＝69日目

幸せなお産を迎えるワーク

「私は、○○○ができる、すばらしい人です」
○○○に当てはまる言葉を書きましょう

今週見つけた“幸せの種”を書きましょう

DATE　／　／

赤ちゃんを感じるワーク

おなかの赤ちゃんを感じてみましょう
いま、赤ちゃんはどんな気持ちだと思いますか？

★喜んでいる
★ワクワクしている
★イライラしている
★何か言いたいことがある

赤ちゃんが伝えていると思うことを、
直感で書いてみましょう

この時期の赤ちゃんへ、メッセージを贈りましょう

パパ(上のお子さんや祖父母)にも、
メッセージを書いてもらいましょう

超音波写真などを貼りましょう

DATE　／　／

PHOTO

きょうだいは雲の上からのお友だち

生まれる前から絆で結ばれているのは、母子だけではありません。「生まれる前、雲の上できょうだいと遊んでいた」と言うお子さんは、たくさんいます。子どもたちは、雲の上で仲よしの友だちと「同じママに生まれよう」と決め、順番を決めてこの世に下りてくる、と語っています。

どちらが先に生まれるか、子どもたちはじゃんけんや話し合いで決めるそうです。ある女の子は、「生まれる前、弟と２人で『行こう』って言ったけど、弟が『もう少し遊んでから行く』って言ったので、わたしだけ先に来たの」と言いました。

なにかの事情で、順番が後先になることもあるようです。

あるきょうだいは、２人とも生まれる前の記憶があり、けんかをすると弟くんが「お兄ちゃんだからってえばるな。ぼくが先に生まれるはずだったのに、お兄ちゃんが横入りした」と文句を言い、お兄ちゃんは「ぼくが先に生まれたから、ママがもうひとりうんで、きょうだいになれたんだ」と反論するそうです。ママによると、お兄ちゃんは育てやすく、弟くんはやんちゃなため、順番が逆だったら２人目のお産まであいだがあいたかもしれず、お兄ちゃんの言うことには一理ある、とのことでした。

雲の上でお友だちだったからか、上のお子さんが、ママより早く妊娠に気づくことがあります。ある３歳の男の子は、ママが人とぶつかったとき、「ママ、赤ちゃん大丈夫？　女の子だよ」と言いました。ママはその数日後、妊娠を確認したそうです。

とはいえ、きょうだいは生まれる前にどれほど仲よしでも、この世ではママの愛情を奪いあうライバルです。やきもちが高じてけんかが増えると、子育てがたいへんになります。2人目以降の赤ちゃんを授かったら、上のお子さんのケアを心がけましょう。

「ママのおへそから、おなかの中をのぞいてみて。赤ちゃん見える？」とか「赤ちゃん、いま何が言いたいのかな？」と聞いたりすると、はじめは知らんぷりしていたお子さんも、興味をもつようになります。ときには、上のお子さんがおなかの赤ちゃんとおしゃべりして、性別や生まれてくる日を教えてもらうこともあるようです。

そんなふうにママと一緒に赤ちゃんに話しかけることは、お兄ちゃん、お姉ちゃんとしての自覚を育むうえで役に立つでしょう。

もしできるなら、お産に立ち会ってもらうのも、よい体験になります。小さなお兄ちゃん、お姉ちゃんは、ママの汗をふいたり腰をさすったりして、ママを助けようとします。

家族の心がひとつになって赤ちゃんを迎えると、お誕生後、上のお子さんの赤ちゃんの受け入れがとてもよく、喜んでお世話してくれるのです。

赤ちゃんの動きは活発になり、
おなかの中でくるんと回ったり、
とびはねたりするようになります。
ママの体調は安定し、スポーツを含め、
妊娠前にしてきた活動を再開できるようになります。

妊娠12週

動きが活発になってきます

赤ちゃんの大きさ(頭殿長)は、53～62ミリになります。筋肉がどんどん強くなっていき、動きが活発になっていきます。超音波検査では、手足をバタバタと元気よく動かしたり、ぴょんぴょんととびはねている赤ちゃんが見られるでしょう。大きな音がすると動くなど、感覚と筋肉の動きを合わせることができるようになってきます。

生まれるまで声は出しませんが、もう声帯が完成しました。

このころになると、染色体異常など、赤ちゃんの理由で流産になる可能性は、かなり低くなります。

「『するするぽんって生まれてきてね』って、
パパとママが話しているのが聞こえたよ」

妊娠4カ月に入り、少しおなかがふっくらしてきた方もいるでしょう。ホルモンの関係で、胃腸の動きがゆるやかになり、便秘ぎみになることもあります。そんなときは、繊維質の食べ物や水分をしっかりとりましょう。

赤ちゃんの動きが活発になるにつれ、「魚が手のひらをつつく感じ」「ちょうちょが羽ばたく感じ」の胎動を感じる方もいます。胎動はふつう妊娠16～18週以降からといわれていますが、感覚の鋭い方は、このころから感じられることもあるようです。

/

12週0日＝70日目

/

12週1日＝71日目

/

12週2日＝72日目

/

12週3日＝73日目

/

12週4日＝74日目

/

12週5日＝75日目

/

12週6日＝76日目

幸せなお産を迎えるワーク

「私は、○○○ができる、すばらしい人です」
○○○に当てはまる言葉を書きましょう

今週見つけた“幸せの種”を書きましょう

妊娠13週

お顔がふっくらしてきました

赤ちゃんの大きさ（頭殿長）は、66～82ミリに。羊水の量に比べて赤ちゃんが小さいので、活発に動き回ることができる時期です。

心臓、肝臓、胃、腸などの内臓器官はほぼ完成しました。手が発達して、親指をなめたり、手首を曲げたり、握ったりというように、複雑な動きができるようになってきました。つめも生えてきました。あごが発達し、また口の中に筋肉がついてきて、ほっぺたができてきます。少しずつ、ふっくらした赤ちゃんらしい顔つきになってきましたよ。

「あったかくてきもちよかった。
ゆらゆらしていた」

妊婦さんはどうしても、ビタミンやミネラルが不足がちになります。これらをたくさん含む旬の食べ物を積極的にとっていただくことはもちろん、天然のビタミンサプリメントなどを検討するのもよいでしょう。

かゆみや湿疹などの肌トラブルが起こる人もいます。これらのケアや妊娠線対策として、クリームでしっかり保湿やマッサージをしましょう。また、締めつけの少ないマタニティ下着や、ゆったりした衣服もそろそろ検討するとよいでしょう。

13週0日＝77日目

13週1日＝78日目

13週2日＝79日目

13週3日＝80日目

13週4日＝81日目

13週5日＝82日目

13週6日＝83日目

幸せなお産を迎えるワーク

「私は、○○○ができる、すばらしい人です」
○○○に当てはまる言葉を書きましょう

今週見つけた“幸せの種”を書きましょう

妊娠14週

複雑な動きもできるように

赤ちゃんの大きさ（頭殿長）は、83～94ミリ。首が発達して長くなり、腕も伸びて、赤ちゃんらしい体形になってきました。背中の筋肉も強くなって、頭と首がだんだんまっすぐになってきます。頭の向きを変えたり、羊水の中でくるんと回転したり、複雑な動きもできるようになってきました。

少しずつ皮膚の厚みが増し、皮膚の色も透明から赤みを帯びてきます。うぶげのもと、髪の毛のもとも、うっすらと見えてきました。

パンチとかキックとか、たくさんしてた

中には、そろそろ胎教が気になる方もいるでしょう。胎教は、おなかの赤ちゃんに話しかけるというシンプルなことから、音楽を聴かせる、数字や英語を教えるといった英才教育まで、さまざまなものがあります。

英才教育的な胎教もよいでしょうが、まずは、この世を生きる力になる「生まれてきてよかった」という幸福感や、「ありのままの自分でいい」という自己肯定感を大切に育んでいただきたいなと思います。おなかに手を当てて「元気で生まれてきてね」「きてくれてありがとう」という思いを伝えるだけで、すばらしい胎教だと思います。

14週0日＝84日目

14週1日＝85日目

14週2日＝86日目

14週3日＝87日目

14週4日＝88日目

14週5日＝89日目

14週6日＝90日目

幸せなお産を迎えるワーク

「私は、○○○ができる、すばらしい人です」
○○○に当てはまる言葉を書きましょう

今週見つけた“幸せの種”を書きましょう

妊娠15週

胎盤が完成しました

赤ちゃんは、頭殿長が95〜116ミリと10センチを超えてきました。体重は約100グラム、およそレモン1個分の重さです。小さな手を広げると、手首から指の先まで9.5ミリ。かわいいですね。

羊水を飲んで、肺の中にためてふくらませたり、吐いたりするようになります。これは、生まれてからおこなう呼吸のまねごとでもあります。

「おなかの中で、
ながーい線路であそんでたんだよ」

妊娠からずっと高温だった基礎体温が下がり、熱っぽさやだるさがとれてきます。胎盤がほぼ完成し、へその緒でつながって、ママから栄養や酸素を直接もらえるようになります。

胎盤は、赤ちゃんが宿ると同時に生まれて、赤ちゃんとともに成長します。赤ちゃんを外に送り出す40週には、まだ若さを保っている胎盤もあれば、中にはすっかり老いてしまっている胎盤も…。老いた胎盤は、赤ちゃんに酸素を送るのもやっとという状態ですから、赤ちゃんもたいへん。これには、ママの体調や食生活、ストレス、化学物質などが関係しています。体と心に取り入れるものに、十分に注意していただきたいなと思います。

15週0日＝91日目

15週1日＝92日目

15週2日＝93日目

15週3日＝94日目

15週4日＝95日目

15週5日＝96日目

15週6日＝97日目

幸せなお産を迎えるワーク

「私は、〇〇〇ができる、すばらしい人です」
〇〇〇に当てはまる言葉を書きましょう

今週見つけた“幸せの種”を書きましょう

DATE　/　/

赤ちゃんを感じるワーク

おなかの赤ちゃんを感じてみましょう
いま、赤ちゃんはどんな気持ちだと思いますか？

★喜んでいる
★ワクワクしている
★イライラしている
★何か言いたいことがある

赤ちゃんが伝えていると思うことを、
直感で書いてみましょう

この時期の赤ちゃんへ、メッセージを贈りましょう

パパ（上のお子さんや祖父母）にも、メッセージを書いてもらいましょう

超音波写真などを貼りましょう

DATE　／　／

PHOTO

パパならではの大切な役割

赤ちゃんをおなかに宿すママにくらべて、パパはどうしても赤ちゃんとの距離感があります。親になる実感がわくスピードがゆっくりですから、ママと気持ちがすれ違う日があるかもしれません。

ママがイライラしやすくなるのは、妊娠すると分泌されるホルモンの影響です。これは、状況の変化を敏感に察知して、おなかの赤ちゃんを守ろうとする自然のしくみです。そこで、ママはパパに対しても怒りっぽくなるのです。

たいへんかもしれませんが、嵐はいずれおさまります。パパはむきにならず、落胆せず、ゆったりとママの心身の変化を見守ってあげてください。そのためにもパパにおすすめしたいのが、おなかの赤ちゃんへの語りかけです。

おなかに手を当てて話しかけると、ママの気持ちはリラックスして、いらだっていた心も落ち着くでしょう。すると免疫力が高まり、妊娠中やお産のトラブルのリスクが減ります。

しかも、パパの声を聞いてママが喜びを感じると、幸せホルモンがへその緒を通して赤ちゃんに流れこみます。そこで、赤ちゃんの

脳には「パパの声が聞こえる＝幸せ」という方程式がインプットされるのです。

パパがよくおなかに話しかけていた赤ちゃんは、パパが大好きになります。そんな赤ちゃんは、生まれてすぐパパを見分けて、ほほえむことさえあります。ママよりパパのほうが熱心に語りかけていたお子さんは、「わたしはパパから生まれたの」と言っていました。

赤ちゃんがなつくと、パパも自信がつきます。すると、ますます赤ちゃんのお世話をするようになります。パパが子育てに積極的だと、ママのストレスは軽くなります。家族みんなで、赤ちゃんとの暮らしを楽しめるようになるでしょう。

マタニティライフでは、パパにも大きな役割があります。それは、ママに安心感を与えることで、結果的に赤ちゃんを守ることなのです。

赤ちゃんは明暗がわかるようになります。
味覚も機能しはじめ、
ママの食事によって羊水を飲む量が変わってきます。
胎動がはっきりしてくるので、
赤ちゃんの存在を感じやすくなります。

妊娠5カ月

妊娠16週

味覚が働きはじめます

味覚は、妊娠12週ごろに基礎ができ、15週頃に味《み》らい（おもに舌の上にある味を感じる器官）がほぼ完成して、このころから正常に働きはじめます。

赤ちゃんは、ママが苦いものをとると羊水を飲みこまなくなり、ママが甘いものをとると、羊水をさかんに飲みこむようになります。超音波検査では、「まずい」ときに顔をしかめて泣き、「おいしい」ときに喜んだ表情になる様子が見られることもあります。

このころになると、赤ちゃんの発育は、頭殿長ではなく、頭の直径（児頭大横径《じとうだいおうけい》）や太ももの骨の長さ（大腿骨長《だいたいこつちょう》）から割り出すようになります。

「ごはんがたくさんふってきたよ。
おいしかったあ」

ママが食べたり飲んだりした味は、分子として血流にのり、おなかに届いて、赤ちゃんも同じ味を感じるようです。ママのとった食べ物の味が羊水にうつり、それを味わっているのかもしれません。赤ちゃんは、苦いものや冷たいものをいやがります。大きくなってから、ママがアイスクリームを食べると、「冷たくて体がべとべとしていやだった」と言うお子さんもいます。赤ちゃんが喜ぶ食事を心がけたいですね。

16週0日＝98日目

16週1日＝99日目

16週2日＝100日目

16週3日＝101日目

16週4日＝102日目

16週5日＝103日目

16週6日＝104日目

幸せなお産を迎えるワーク

「私は、○○○ができる、すばらしい人です」
○○○に当てはまる言葉を書きましょう

今週見つけた“幸せの種”を書きましょう

妊娠17週

心音を聞くことができます

6週ごろには超音波検査で心臓が動いているのを見るだけでしたが、この週には、聴診器で赤ちゃんの心音を聞くことができるようになります。ドッドッドッと、大人の約2倍の速度で打っているのが聞こえるでしょう。

骨格や筋肉が発達して、さらに活発に動き回るようになります。体つきも少しずつふっくらとしてきて、赤ちゃんらしくなってきましたよ。

「おなかの中はソファーみたいにふわふわで、
ぽよんぽよんしていた」

おなかの赤ちゃんは、姿も見えず言葉も通じませんが、直感によってコミュニケーションすることができます。「赤ちゃんは何を感じているのかな？」とイメージをふくらませましょう。妊娠するとカンが鋭くなる方が多いので、赤ちゃんをイメージする練習を続けていると、「いまは眠っているみたい」「ごきげんみたい」など、なんとなく感じとれるようになっていきます。

直感をみがいておくと、赤ちゃんが生まれたあと、表情やしぐさや泣き声のイントネーションなどで、かなりの情報を感じとれるようになります。「この熱なら大丈夫」とか「熱はないけれど、どこかおかしいような気がする」など、赤ちゃんのメッセージを受けとれるようになれば、子育てにきっと役立つと思います。

17週0日＝105日目

17週1日＝106日目

17週2日＝107日目

17週3日＝108日目

17週4日＝109日目

17週5日＝110日目

17週6日＝111日目

幸せなお産を迎えるワーク

「私は、○○○ができる、すばらしい人です」
○○○に当てはまる言葉を書きましょう

今週見つけた“幸せの種”を書きましょう

妊娠18週

皮膚感覚が発達してきます

「胎毛《たいもう》」とよばれるうぶげと、「胎脂《たいし》」とよばれるクリーム状の物質がつくられ、赤ちゃんの全身を覆いはじめます。これは赤ちゃんを羊水の刺激から守り、熱を逃がさない働きをします。うぶげは30週ごろには消えますが、胎脂は生まれるときまで残って赤ちゃんを守ってくれます。

超音波では、指しゃぶりをしている姿が見られることもあります。生まれたあと、おっぱいを吸うための練習かもしれませんね。

女の子の赤ちゃんには、一生分の卵子のもと（原始卵胞）が、男の子の赤ちゃんには前立腺《ぜんりつせん》がつくられます。皮膚の感覚が発達してきて、「あたたかい、寒い、ふれた、痛い」などを感じとれるようになっていきます。嗅覚も発達しはじめます。

「おなか、くさかったよ。
なんかへんなにおいがした」

皮膚の感覚や嗅覚が働きはじめると、赤ちゃんはますます、おなかの環境を敏感に感じとるようになります。とくにいやがるのがたばこで、「おなかがくさかった」と言うお子さんもいます。ニコチンには食欲を抑える働きもあるので、赤ちゃんが羊水を飲む量が減ってしまいます。そのため、赤ちゃんは十分なカロリーをとれなくなり、低体重で生まれるリスクが増えてしまうのです。たばこはきっぱりやめましょう。

18週0日＝112日目

18週1日＝113日目

18週2日＝114日目

18週3日＝115日目

18週4日＝116日目

18週5日＝117日目

18週6日＝118日目

幸せなお産を迎えるワーク

「私は、○○○ができる、すばらしい人です」
○○○に当てはまる言葉を書きましょう

今週見つけた“幸せの種”を書きましょう

妊娠19週 明るさ暗さを感じています

身長は約25センチ、体重は約250グラムと、およそグレープフルーツ1個分の重さになります。ずいぶんと大きくなってきましたね。手の大きさは約1.7センチ、足の大きさは約2.1センチです。髪の毛やまゆ毛が生えはじめる赤ちゃんもいます。

赤ちゃんは、生まれたあとと同じように、寝たり起きたりをくり返しています。神経がつながって、視覚が発達していきます。上下のまぶたはまだつながっていますが、明るさや暗さは感じていて、ママのおなかがライトで照らされると反応します。

「そりゃあ、暗いわさ！
でも、下のほうにいくと明るくなったよ」

基本的に、体調は安定している時期です。おなかの張りなど、気がかりなことがあったら、疲れやストレスがたまっていないか、暮らしを見直しましょう。家事、上のお子さんの子育て、仕事などでがんばりすぎていませんか。体も心もリラックスする時間をもちましょう。

おりものが増えることがあるかもしれません。細菌性の膣炎《ちつえん》は、早産を引き起こす可能性があるので、しっかり治しましょう。かゆみを感じたり、においが気になったりしたら、主治医に相談してください。

19週0日＝119日目

19週1日＝120日目

19週2日＝121日目

19週3日＝122日目

19週4日＝123日目

19週5日＝124日目

19週6日＝125日目

妊娠5カ月

幸せなお産を迎えるワーク

「私は、○○○ができる、すばらしい人です」
○○○に当てはまる言葉を書きましょう

今週見つけた“幸せの種”を書きましょう

DATE
/ /

赤ちゃんを感じるワーク

おなかの赤ちゃんを感じてみましょう
いま、赤ちゃんはどんな気持ちだと思いますか？

★喜んでいる
★ワクワクしている
★イライラしている
★何か言いたいことがある

赤ちゃんが伝えていると思うことを、
直感で書いてみましょう

この時期の赤ちゃんへ、メッセージを贈りましょう

パパ(上のお子さんや祖父母)にも、
メッセージを書いてもらいましょう

超音波写真などを貼りましょう

DATE　／　／

PHOTO

ママの状態は赤ちゃんにつつぬけ

ママが体に入れるものは、すべて赤ちゃんに伝わります。

お酒を飲んだり、甘いものを食べつづけたりすると、羊水の味に影響が出て、赤ちゃんは羊水をあまり飲まなくなります。おなかにいたころ、ママが炭酸飲料を飲むと「皮膚がぴりぴりして、いやだった」という記憶のある子もいます。

お酒やケーキは、少しなら気にならないという子もいますが、子どもたちが例外なくきらうのは、たばこです。ママが妊娠中にたばこを吸っていたケースで、「おなかの中はくさかった」と訴えるお子さんはしばしばいます。

化学物質は、皮膚を通しても体内に入りこみます。1日に何度もシャンプーをしていた方のお産では、後産《あとざん》で外に出た胎盤から、シャンプーのへんなにおいがしたこともありました。

赤ちゃんに影響を及ぼすのは、物質的なものだけではありません。ママの心の状態も、赤ちゃんは感じとり、受けとめます。

たとえば、健診でおなかに手を当てると、吸いこまれるように冷たく感じることがあります。何があったかたずねると、パパとけんかしていると答える方が多いのです。ママのいら立ちや悲しみが、赤ちゃんに伝わっているのですね。

「赤ちゃん、こわがっていますよ」とお伝えすると、皆さんびっくりなさいます。

「おなかの中で、おそうじしていた」と言うお子さんも何人もいます。何をそうじしていたかたずねると、「ママの食べた悪いもの」「イライラした気持ち」などという答えが返ってきます。

おなかの赤ちゃんは、ママの心身のゴミを、けなげに片付けてくれているのかもしれません。赤ちゃんの居心地がよくなるように、心身ともにすこやかな暮らしを心がけたいですね。

とはいえ、つい心や体に「悪いもの」をとりこんでしまう日もあるもの。そんなとき、自分を責めるのは悪循環です。過ぎたことは過ぎたこと、いつまでもクヨクヨと引きずるのはやめましょう。

赤ちゃんがなにより望んでいるのは、ママの笑顔です。気持ちをきりかえて、赤ちゃんに意識を向け、「はめを外しちゃって、ごめんね」「あなたに怒ったわけじゃないのよ」と語りかけてください。

ママの気持ちが前向きになると、赤ちゃんの「おそうじ」するゴミも減り、赤ちゃんはきっと楽になることでしょう。

妊娠6カ月

赤ちゃんの聴覚が発達してきます。
ママの心が浮き立つような音楽を一緒に楽しみましょう。
歌をうたったり、絵本の読み聞かせもおすすめです。
そろそろおっぱいケアを始めましょう。

妊娠20週

聴覚がほぼ完成します

骨や筋肉がますます強くなり、骨と骨をつなぐ関節も発達してきます。赤ちゃんの動きはさらに活発になるので、胎動を感じるママも増えるでしょう。超音波検査で、赤ちゃんの性別もわかりはじめます。

肺では、生まれたあとに呼吸をしやすくする「サーファクタント」という物質がつくられはじめます。肺の完成はもう少し先ですが、サーファクタントによって成熟が進みます。

聴覚はほぼ大人と同じくらいまで完成し、このころから、耳から音を聞きはじめるようになります。そして、大きな音が聞こえると、手を上げたり耳を覆ったりして反応するようになります。

「おなかの中ねー、楽しかった。
うれしかった。ときどきうるさかった」

赤ちゃんの聴覚が完成してくるので、音楽を聴くのもよいでしょう。「胎教にはモーツァルトやビバルディがよい」という話もありますが、クラシック音楽が苦手なら無理に聴く必要はありません。好みの曲を、ジャンルにこだわらず楽しんでください。

なにより赤ちゃんが大好きなのは、ママの声です。おなかに手を当てると、なんとなくあたたかく感じるところが赤ちゃんの心臓です。そっと手を当てて、たくさん話しかけてあげてください。

20週0日＝126日目

20週1日＝127日目

20週2日＝128日目

20週3日＝129日目

20週4日＝130日目

20週5日＝131日目

20週6日＝132日目

幸せなお産を迎えるワーク

「私は、○○○ができる、すばらしい人です」
○○○に当てはまる言葉を書きましょう

今週見つけた“幸せの種”を書きましょう

妊娠21週　どんどん大きくなっています

上下のまぶたが分かれて、まばたきのような動きをするようになってきました。手は、ものをつかめるほどに発達してきて、超音波検査では、へその緒をつかんで遊んでいるような様子が見られることもあります。

脳神経細胞がどんどん増えて、できることが増えていきます。寝たり起きたりのリズムも、だんだんととのってきます。

「おなかの中でいつもおどっていたんだよ。
あー、ママのおなかにもどりたいなー」

赤ちゃんがどんどん大きくなって、おなかの出っぱりが目立つようになってきます。体が反るようになるため、腰や背中に痛みを感じる人も。姿勢を正して歩き、いすに座るときは背もたれにクッションなどを置くとよいでしょう。

大きくなった子宮に血管が圧迫されて、足がつったり、こむら返り（足のけいれん）が起きることもあります。足を高くして寝たり、お風呂のあとにマッサージをするとよいでしょう。

おっぱいも大きくなって、張ってきます。中には白い分泌物が出てくる人もいます。

さまざまな変化が出てきますが、体調がいいときは、おなかの張りに気をつけながら、散歩やストレッチ、スポーツなどで積極的に体を動かしましょう。

21週0日＝133日目

21週1日＝134日目

21週2日＝135日目

21週3日＝136日目

21週4日＝137日目

21週5日＝138日目

21週6日＝139日目

幸せなお産を迎えるワーク

「私は、○○○ができる、すばらしい人です」
○○○に当てはまる言葉を書きましょう

今週見つけた“幸せの種”を書きましょう

妊娠22週 顔立ちが整ってきます

顔立ちがだんだんととのってきます。運がよければ、超音波検査で顔を見ることができ、ママ似かパパ似か確認できるかもしれませんね。

この週以降、37週未満でお産が始まることを「早産《そうざん》」といいます。早産で生まれた赤ちゃんは、泣くことはできますが、肺機能が十分に発達していないので、ひとりで呼吸することができない場合、医療処置が必要になります。

医療の進歩により、助かる可能性も出てはきましたが、まださまざまなリスクをともないます。

「おなかにおるときな、おかあさん、
せきばっかりしとってやばいなと思った。
だから、おなかの中で一生懸命そうじしとったん」

お産に向けて、体をあたためるように心がけましょう。体をあたためると血液の循環がよくなり、体調が安定します。衣服の調節をする、クーラーに当たりすぎないといった注意のほか、食生活の工夫も大切です。たとえば、ごぼう、大根、にんじんなどの根菜には、体をあたためる作用があるので、意識的に取り入れましょう。なす、ピーマン、トマトなどの地上になる野菜は、加熱して温野菜にすると、体を冷やしにくくなります。

22週0日＝140日目

22週1日＝141日目

22週2日＝142日目

22週3日＝143日目

22週4日＝144日目

22週5日＝145日目

22週6日＝146日目

幸せなお産を迎えるワーク

「私は、○○○ができる、すばらしい人です」
○○○に当てはまる言葉を書きましょう

今週見つけた“幸せの種”を書きましょう

妊娠23週 メロン1個分の重さです

筋肉、骨、内臓の発達がめざましく、赤ちゃんの体重がどんどん増えるころです。この週の終わりには、身長約30センチ、体重は約640グラム、メロン1個分の重さになります。これからは、おなかの中が少しずつ狭く感じられていくでしょう。

だいぶ大きくなり、皮下脂肪もついてはきましたが、まだ皮膚はシワシワで、やせています。皮膚の厚さもまだ薄く、まだ血管や内臓などがうっすらと透けて見える状態です。

「おかあさんのおなかをポコンってけったよ」

そろそろ、おっぱい育児の準備をしましょう。助産師さんに相談しながら、おっぱいマッサージを始めるとよいでしょう。乳首が陥没していたり、扁平《へんぺい》だったりしても、妊娠中にケアすることによって、赤ちゃんが口に含みやすいおっぱいをつくることは可能です。同時に、母乳の出もよくなり、皮膚もやわらかく強くなるなど、産後のトラブルを防ぐこともできます。
ただし、乳首を刺激すると、オキシトシンというホルモンが分泌されて、おなかが張る方もいます。ふだんからおなかが張りやすい方は注意しましょう。

また、母乳の質は、食べるものに影響を受けます。塩分、糖分のとりすぎ、食べすぎに注意し、バランスのよい食事になっているか、いま一度見直してみてください。

／

23週0日＝147日目

／

23週1日＝148日目

／

23週2日＝149日目

／

23週3日＝150日目

／

23週4日＝151日目

／

23週5日＝152日目

／

23週6日＝153日目

幸せなお産を迎えるワーク

「私は、〇〇〇ができる、すばらしい人です」
〇〇〇に当てはまる言葉を書きましょう

今週見つけた“幸せの種”を書きましょう

DATE　／　／

赤ちゃんを感じるワーク

おなかの赤ちゃんを感じてみましょう
いま、赤ちゃんはどんな気持ちだと思いますか？

★喜んでいる
★イライラしている
★ワクワクしている
★何か言いたいことがある

赤ちゃんが伝えていると思うことを、
直感で書いてみましょう

この時期の赤ちゃんへ、メッセージを贈りましょう

パパ(上のお子さんや祖父母)にも、
メッセージを書いてもらいましょう

超音波写真などを貼りましょう

DATE　／　／

PHOTO

赤ちゃんとのコミュニケーション

おなかの赤ちゃんは、ママに語りかけてもらうのが大好きです。そして、自分の思いもママに知ってもらいたいと願っています。

おなかに手を当てると、少しあたたかく感じるところがあり、そこが赤ちゃんの心臓です。そっと手を当てて話しかけると、赤ちゃんはママのぬくもりを感じながら、耳をすませます。そして、体の動きやイメージを通して、ママに返事をしてくれるのです。

赤ちゃんと、言葉を超えたコミュニケーションを楽しみましょう。

★キックゲーム

赤ちゃんがおなかをけったら、同じようにおなかを軽くたたいてみてください。「ママがたたいたら、あなたもけり返してね」と話しかけるのもいいでしょう。慣れてきたら「イエスなら1回、ノーなら2回けってね」などとルールを決めることもできます。

キックゲームを応用して、食材をひとつひとつ手にとりながら赤ちゃんにどれが好きかたずねたり、音楽の好みを聞いたり、カレンダーの日付を指さしながら生まれたい日をたずねたりする方もいます。

★直感をつかう

心身ともにリラックスして、「赤ちゃんはいまどんな気持ちだろう？」とイメージしてみましょう。妊娠中は直感が鋭くなっているので、少し意識するだけで、かなりのことを感じとれるでしょう。

手の力を抜いて筆記用具をもち、おなかの赤ちゃんに意識を向けると、手が勝手に動きだして、文章や絵で、赤ちゃんからのメッセージを書きだすという方もいます。

★ダウジング（ふりこ）

ふりこを下げ、「ここは日本ですか？」「いまここで雨が降っていますか？」といった、答えが決まっている質問を思い浮かべます。正しいときと間違っているときの、ふりこの動きのパターンを調べましょう。「イエス」「ノー」の動きを覚えたら、それを応用して、赤ちゃんの気持ちを聞くことができます。

★夢をつかう

生まれる前のことを覚えている子が、「ママの夢に出て、お話ししたよ」と言うことはよくあります。

おなかの赤ちゃんは、自分の気持ちを伝えるために夢をつかうことがあるようです。夢に現れて、自分の性別や、つけてほしい名前を告げる赤ちゃんもいます。

眠る前、「赤ちゃんは、今日はどんなことを伝えてくれるかな？」と、ちょっぴり意識してみてください。赤ちゃんからのメッセージを受けとりやすくなるでしょう。

妊娠7カ月

赤ちゃんは、外の世界をかなり察することができ、
体を自由に動かせるようになって、
呼びかけるとおなかをけって反応することも。
無理ない程度に外出を楽しみ、
晴れ晴れとした気分で過ごしましょう。

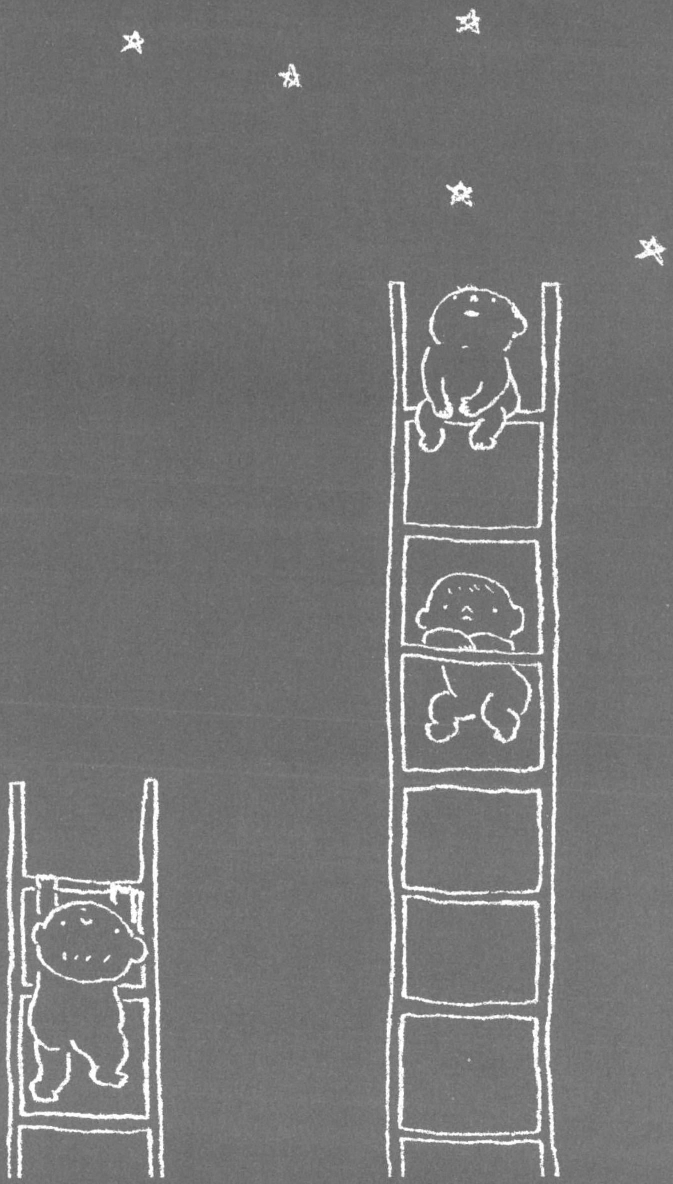

妊娠24週

貧血予防に鉄分を

体全体のコントロールができるようになり、自分の意志で体の向きを変えたり、反射的に手を握ったりするようになります。動揺するとあばれたり、指をしゃぶって気持ちを落ち着けたりすることも。「頭を下にしていたよ」「丸くなっていたよ」と、自分の姿勢をはっきり覚えているお子さんもいます。

「おなかの中ではこうやって丸くなって、
ママにチュッチュしてたの」

おなかの赤ちゃんとともに、子宮もだいぶ大きくなり、子《し》宮底《きゅうてい》（子宮の一番上の部分）がおへそあたりまで届いています。

大きくなった子宮に圧迫されて、消化不良や胸やけが起こる方もいます。また、赤ちゃんの心拍数がピークを迎えるため、血流が増え、心臓に負担がかかって、動悸《どうき》や息切れが起きることもあります。

さらに、赤ちゃんに栄養を送るため、血液量が多くなりますが、赤血球の量は増えないので、血液が薄くなって貧血気味になる方も。レバー、ほうれん草、ひじき、大豆など鉄分を多く含む食品をとりましょう。ビタミンCと一緒にとると、吸収率が上がるので効果的。反対に、コーヒーや紅茶などのカフェイン飲料は鉄の吸収を妨げるので、ハーブティーや麦茶がおすすめです。

/

24週0日＝154日目

/

24週1日＝155日目

/

24週2日＝156日目

/

24週3日＝157日目

/

24週4日＝158日目

/

24週5日＝159日目

/

24週6日＝160日目

妊娠7カ月

幸せなお産を迎えるワーク

「私は、○○○ができる、すばらしい人です」
○○○に当てはまる言葉を書きましょう

今週見つけた“幸せの種”を書きましょう

妊娠25週

ママの感情は伝わっています

赤ちゃんの脳は、見た目はおとなの脳と同じ形になり、ママから伝えられる感情を、はっきり感じるようになります。感覚器官を通して、動き、光、味、音を感じとり、意識的に記憶できるようになっていきます。

「おなかの中は気持ちよかった。
赤かった。あったかかった。
いっぱい眠ってた」

へその緒は、酸素や栄養だけでなく、ママの感情も伝えます。たとえば、ママが幸せな気持ちになるとドーパミン、恐怖を覚えるとアドレナリン、愛情を感じるとゴナドトロピンなど、感情にともなってさまざまなホルモンが分泌され、へその緒を通して赤ちゃんの血液に流れこみます。

妊娠中、ママが満たされた気持ちで暮らし、リラックスしていると、その情報は赤ちゃんに伝わります。そんなママから生まれたお子さんは、のちに「おなかの中は気持ちよかった」「楽しかった」「うれしかった」と語ることが多いようです。おなかの赤ちゃんもあなた自身も心地よく過ごせるよう、毎日の暮らしや気持ちのもち方を工夫したいですね。パパにもぜひ協力してもらってください。

25週0日＝161日目

25週1日＝162日目

25週2日＝163日目

25週3日＝164日目

25週4日＝165日目

25週5日＝166日目

25週6日＝167日目

幸せなお産を迎えるワーク

「私は、〇〇〇ができる、すばらしい人です」
〇〇〇に当てはまる言葉を書きましょう

今週見つけた“幸せの種”を書きましょう

妊娠26週 外の様子が見えている？

鼻の穴が開いてきて、呼吸の準備がととのってきました。この週には肺の構造も完成しますが、機能するようになるのはもう少し先のことです。また、反射的に手を握ったりするようになります。反射神経を鍛える練習をしているようです。

このころの赤ちゃんは、かなりの程度まで、おなかの外の様子を察しているようです。おなかの外が「見えた」と語るお子さんは、ときどきいます。ママが見たものを感じとっているのか、赤ちゃん自身が感じとっているのかわかりませんが、何らかの方法で外の様子を映像として認知しているように思います。

「お父さんとママが結婚式のとき、
手をつないでいるのが見えた。
拍手がいっぱい聞こえた。おへそから見えるんだ」

おなかの張り（子宮が収縮しておなかが硬くなること）には、生理的なものと、対処が必要なものがあります。1時間に1回どんと張っても、痛みがなく、5～10分でおさまるという場合は、生理的な子宮収縮であることがほとんどなので、心配ないでしょう。ただし、強い痛みがあったり、周期的な痛みがくり返されたりするときは、早産になる危険性もありますから、すぐに病院を受診しましょう。

/

26週0日＝168日目

/

26週1日＝169日目

/

26週2日＝170日目

/

26週3日＝171日目

/

26週4日＝172日目

/

26週5日＝173日目

/

26週6日＝174日目

幸せなお産を迎えるワーク

「私は、○○○ができる、すばらしい人です」
○○○に当てはまる言葉を書きましょう

今週見つけた“幸せの種”を書きましょう

妊娠27週

まぶたが開きます

赤ちゃんの身長は約35センチ、体重は約1000グラム、キャベツ1個分の重さになってきました。手の大きさは約3.5センチ、足は約4.2センチと、だいぶしっかりしてきましたよ。

このころには、肺を除けば、ほとんどの器官ができあがりつつあります。目もようやく完成し、まぶたも開くようになりました。

また、ママの脳から分泌されるホルモンの影響もあって、昼夜の区別がつくようになってきました。

「ここ、しってるよ。
おへその穴から見てたもん」

早産を防ぐため、おなかを締めつけないようにし、動きすぎたときは休むようにしましょう。消化器官が圧迫されて便秘が悪化し、痔《ぢ》になる人もいます。食物繊維の多い食事を心がけましょう。ひどいときは主治医に相談してください。

ホルモンの影響で、乳首などが黒ずんだり、しみ・そばかすができやすくなります。出産後には治りますが、気になる方は注意してケアしてください。

おなかのかゆみやかぶれに悩まされる方もいます。シャワーや入浴などで肌を清潔に保ち、締めつけの少ない下着や洋服を選びましょう。

27週0日＝175日目

27週1日＝176日目

27週2日＝177日目

27週3日＝178日目

27週4日＝179日目

27週5日＝180日目

27週6日＝181日目

幸せなお産を迎えるワーク

「私は、○○○ができる、すばらしい人です」
○○○に当てはまる言葉を書きましょう

今週見つけた“幸せの種”を書きましょう

DATE　／　／

赤ちゃんを感じるワーク

おなかの赤ちゃんを感じてみましょう
いま、赤ちゃんはどんな気持ちだと思いますか？

★喜んでいる
★イライラしている
★ワクワクしている
★何か言いたいことがある

赤ちゃんが伝えていると思うことを、
直感で書いてみましょう

この時期の赤ちゃんへ、メッセージを贈りましょう

パパ(上のお子さんや祖父母)にも、
メッセージを書いてもらいましょう

超音波写真などを貼りましょう

DATE　／　／

PHOTO

心のクモの巣をはらいましょう

マタニティライフでは、ストレスとじょうずにお付き合いすることが大切です。お産には心理的な要因が大きく作用するので、早めに心のクモの巣をはらっておくと、お産がこじれにくくなります。

私のクリニックでは「ストレスチェックシート」を用意して、「イライラ」「不安」「怒り」「疲れ」などの項目について、「強く感じた」から「まったく感じない」まで、5段階で自己評価してもらいます。この評価は、定期的におこなうことで、心の動きや、現在の状態を知る参考になります。

ストレスは、生きている以上、だれにとってもつきものです。まして、赤ちゃんが宿り、母親という新たな役割が与えられる人生の節目で、とまどいや不安があるのは自然なことです。

見て見ないふりをするのではなく、どれくらいのレベルのストレスがどこから生じているかを、自覚するようにしましょう。

暮らしをふりかえって、何がストレスになっているのか見きわめましょう。お産が不安なのでしょうか？　仕事がきついのでしょうか？　パパとのコミュニケーションに問題があるのでしょうか？

ストレスの正体がわかると、解決の道筋も見えてきます。「ストレスを認め、その原因を探り、解決する」というパターンを身につけると、その後の子育てにも役立ちます。

悩みがあったら、だれかに打ち明けましょう。子育てには、周り

の協力が必要です。お産までの日々を、ストレスをひとりで抱えこまないようにする練習期間として、じょうずに使ってください。

子育てが不安というストレスには、ママの生い立ちがかかわっていることがあります。愛されて育った実感のない方は、どんなふうにわが子を愛したらいいかわからない、という不安に苦しむことがあります。

たしかに、子育てが世代を超えて受けつがれるのは事実ですが、自分の生い立ちをふりかえり、お産と子育てを心の傷を癒やすチャンスにすることもできるのです。

おなかの赤ちゃんは、あなたが大好きだからこそ、あなたに宿りました。あなたに笑ってもらいたいという赤ちゃんの願いを、どうか感じてください。そして、自分もまた同じように、ママを幸せにしたいという純粋な心でこの世にやってきたのだ、とイメージしてみましょう。

赤ちゃんは、「ママはすてきな人だよ。もっと自信をもって！」と伝えたがっています。おなかの赤ちゃんとコミュニケーションを重ねるうち、心のもやもやは、少しずつ整理されるでしょう。すると、赤ちゃんを安心してこの世に迎えられるようになります。

子育てを、苦しみと不安から、喜びと自信に変えるヒントは、あなたの中にあるはずです。

妊娠8カ月

トラブルは少ない時期ですが、
おなかの張りを感じるママもいます。
あまりひんぱんに張るときは、
不安や怒りなどネガティブな感情がないか、
動きすぎていないか、体を冷やしていないかなどに、
目を向けてみましょう。

妊娠28週 胎動がはっきりわかります

8カ月に入りました！　赤ちゃんの体は、だいぶしっかりとはしてきたものの、まだ脂肪が十分ついていないため、やせています。顔は、しわのあるお年寄りのような感じです。

それでも、体の発育はかなり進んでいるので、早産になっても助かる確率が増えてきます。泣き声も強く、十分なケアをすれば外界に順応することができます。

「おとうさんのおなかにいたとき、
あったかかったの」

あなた以外の人でも、胎動がはっきりわかるようになります。パパにも、おなかを触りながらたくさん話しかけてもらうといいですね。63ページでもお話ししましたが、パパにたくさん話しかけてもらったお子さんは、パパが大好きになります。

赤ちゃんが伝えたいことがあるとき、キックで教えてくれることもあります。

以前、「夜中におなかが張ってきたので『病院に行ったほうがいいなら、けって教えて』と聞いたら、ポンとけられたので…」と言って、私のクリニックにやってきた妊婦さんがいました。診察してみると、実際に投薬が必要な状態で、驚いたことがありました。

28週0日＝182日目

28週1日＝183日目

28週2日＝184日目

28週3日＝185日目

28週4日＝186日目

28週5日＝187日目

28週6日＝188日目

幸せなお産を迎えるワーク

「私は、○○○ができる、すばらしい人です」
○○○に当てはまる言葉を書きましょう

今週見つけた“幸せの種”を書きましょう

妊娠29週 羊水の量がピークです

赤ちゃんの脳はますます発達し、しわも増えてきました。まぶたを大きく開くことができるようになり、目を開けている時間も増えてきます。

この時期、羊水の量が800ミリリットルと、もっとも多くなります。大きなプールに浮かんでいるようなものですから、赤ちゃんは動きやすく、ときにぐるんぐるんと回っています。このため、さかごになることもありますが、お産までにもとにもどることも多いので、あまり心配はありません。

羊水には、衝撃から赤ちゃんを守る、赤ちゃんが動きやすくなることで筋肉や骨格の発育をうながす、肺にとりこんだり排出したりをくり返して肺を成熟させる、などの役割があります。妊娠中期（28週）以降の羊水のほとんどは、赤ちゃんのおしっこでできているんですよ。

「おなかの中では、
ぼちゃんって海にしずんでたの。
お水はあったかくて、ちょっとしょっぱい」

大きくなった子宮に圧迫されて、下半身の血行が悪くなり、ふくらはぎや太ももに静脈瘤《りゅう》（血管がこぶのようにふくらむこと）ができることも。足を高くして休んだり、冷やさないなど、注意しましょう。専用のストッキングも効果的です。

/
29週0日＝189日目

/
29週1日＝190日目

/
29週2日＝191日目

/
29週3日＝192日目

/
29週4日＝193日目

/
29週5日＝194日目

/
29週6日＝195日目

幸せなお産を迎えるワーク

「私は、○○○ができる、すばらしい人です」
○○○に当てはまる言葉を書きましょう

今週見つけた“幸せの種”を書きましょう

妊娠30週

ママの声を聞き分けています

このころから、赤ちゃんの成長のペースは、少しゆっくりになってきます。

聴覚がますます発達して、音色を聞き分けたり、音楽に合わせて体を動かしたりと、音に対してよく反応するようになります。周りの人の声を聞き分けることもでき、とくにママの声には敏感に反応するようになります。

子宮に超小型マイクを入れて音をひろうと、ママの話し声、心臓の音や腸の音や血管を血液が流れるザーッという音、ピアノの音なども聞こえることがわかります。ママの声は骨伝導を通して、赤ちゃんにはひときわよく聞こえるようです。

「パパとママの声、聞こえたよ。
パパが、ぞうさん、うたってた」

おなかの中で聞きつづけていたママの心臓の音（心音）は、赤ちゃんにとって、もっともなじみ深い音です。生まれたあとの赤ちゃんのために、心音をつかったＣＤなどもいろいろあるので、準備しておくのもよいでしょう。聞き慣れた音に安心して、ぐっすり眠ったり泣きやんだりしてくれるので、おすすめです。ほかに、リラックスしているときのママの心音を録音して、ＣＤにしてくれるサービスなどもあります。

30週0日＝196日目

30週1日＝197日目

30週2日＝198日目

30週3日＝199日目

30週4日＝200日目

30週5日＝201日目

30週6日＝202日目

幸せなお産を迎えるワーク

「私は、○○○ができる、すばらしい人です」
○○○に当てはまる言葉を書きましょう

今週見つけた“幸せの種”を書きましょう

妊娠31週 キックゲームにトライ

個人差はありますが、この週のうちには、赤ちゃんの身長は約40センチ、体重は約1500グラムになります。うぶげは消えていき、男の子は睾丸《こうがん》がおなかから下りてきます。

動きはますます活発になって、子宮の壁にぶつかるほど動く赤ちゃんもいます。胎動があるとき、赤ちゃんはかなり意識的に動いているようです。

「ぼく、おなかをけったこともある。
ママごめんね。痛かった？」

キックゲームをして、赤ちゃんの気持ちを聞いてみましょう。「ママの言うことが当たっていたら、おなかをけって教えてね」とお願いして、たとえば次のような質問をしてみましょう。

「赤ちゃんは、ママのいつものごはんを気に入っていますか？」
「赤ちゃんは、ママの心のもち方を気に入っていますか？」

さらに、「ママの心のもち方で、赤ちゃんが『直してほしいな』と思うことがあったら教えてくれる？」「赤ちゃんは、ママが何をしているときがうれしい？」などと聞いて、心当たりをひとつひとつ質問していくのもよいでしょう。

うまく答えを引き出せなくてもいいのです。赤ちゃんとのコミュニケーションの時間を楽しんでください。

31週0日＝203日目

31週1日＝204日目

31週2日＝205日目

31週3日＝206日目

31週4日＝207日目

31週5日＝208日目

31週6日＝209日目

幸せなお産を迎えるワーク

「私は、○○○ができる、すばらしい人です」
○○○に当てはまる言葉を書きましょう

今週見つけた“幸せの種”を書きましょう

DATE
/ /

赤ちゃんを感じるワーク

おなかの赤ちゃんを感じてみましょう
いま、赤ちゃんはどんな気持ちだと思いますか？

★喜んでいる
★イライラしている
★ワクワクしている
★何か言いたいことがある

赤ちゃんが伝えていると思うことを、
直感で書いてみましょう

この時期の赤ちゃんへ、メッセージを贈りましょう

パパ(上のお子さんや祖父母)にも、
メッセージを書いてもらいましょう

超音波写真などを貼りましょう

DATE　／　／

PHOTO

体のケアをしておきましょう

お産までに、体のケアをしておきましょう。基本はよく歩くことです。とくに、空気のきれいな自然の中を散策すると、心身ともにリラックスできます。

スクワットのような、負担のかからない程度の運動をして、体を鍛えることも大切です。しゃがんだ姿勢での床掃除など、暮らしの中にさりげなく運動を取り入れるよう工夫しましょう。ただし、おなかが張るときは無理せず休んでください。

運動については、ふだんと体調が異なりますから、専門のインストラクターがつくほうが、安心して取り組めるでしょう。マタニティスイミングやマタニティヨガのように、妊婦さんを対象とした運動もあります。マタニティスイミングは、腰に負担をかけることなく、楽しく運動できます。マタニティヨガは、心と体を穏やかに調整します。

運動のほかにも、体調をととのえる方法はあります。

最近では、妊婦さんを対象としたアロマテラピー、リフレクソロジー、マッサージ、ホメオパシー、フラワーレメディ、鍼灸《しんきゅう》なども、

おこなわれるようになっています。それらを導入する産院も増えてきましたし、インターネットなどで近くのクラスの情報を集めることもできます。

腰痛やお通じなど、妊娠につきものとされる不調も、そういったセラピーを上手につかうことによって、改善されることもあります。

なお、体のケアとして、私のクリニックでは、20週ごろからおっぱいケア（マッサージ）をおすすめしています。おっぱいケアをすると、初乳《しょにゅう》がスムーズに出るようになり、授乳中の乳頭《にゅうとう》の裂傷《れっしょう》の予防にもなります。

やわらかく伸びがよい乳頭なら、赤ちゃんにとって吸いやすいですが、乳頭の形や大きさによっては、うまく吸えないことがあります。その場合も、おっぱいケアを続けることで皮膚がやわらかくなり、吸いやすい乳頭に変わっていきます。

おっぱいケアは、切迫早産の場合などは控えます。主治医や助産師さんの指導をうけ、体調を見ながらおこなうようにしてください。

丸みを帯びた赤ちゃんらしい体つきになっていきます。
ママの声を細かいトーンまで聞き分けられるので、
たくさん語りかけ、コミュニケーションを深めてください。
お産に向けた体づくりも始めましょう。

妊娠32週

さかごちゃんにはお願いを

まださかごになっている赤ちゃんには、そろそろ頭を下にしてもらいましょう。さかごを直すには、ママ自身が取り組むさかご直し体操、主治医が施術する外回転術のほか、鍼灸、漢方などがあります。赤ちゃんが興味半分で頭を上にしているときは、ママが「そろそろ頭を下にしてね」とお願いすると、スムーズにもどってくれることもあります。

赤ちゃんは、自分の意志でおなかの中の姿勢を決めています。そして、さかごになる理由は赤ちゃんによって違います。さかごだったあるお子さんは、その理由を「ママと一緒の姿勢がよかったから」と言っていました。

「おなかの中にいるときに
一度くるんと回ったよ」

赤ちゃんは、ママに何かを訴えたくて、さかごになることもあるようです。以前、さかごがなかなか直らない妊婦さんに、赤ちゃんの気持ちをイメージしてもらったことがあります。すると、上のお子さんの子育てや家事に追われる暮らしに不満を感じていて、それを赤ちゃんが悲しんでいるような気がしたそうです。そこで気持ちをきりかえて、家族のいるありがたさに感謝するようにしたところ、臨月に入っていたにもかかわらず、数分の外回転術でさかごが直りました。

/

32週0日＝210日目

/

32週1日＝211日目

/

32週2日＝212日目

/

32週3日＝213日目

/

32週4日＝214日目

/

32週5日＝215日目

/

32週6日＝216日目

幸せなお産を迎えるワーク

「私は、○○○ができる、すばらしい人です」
○○○に当てはまる言葉を書きましょう

今週見つけた“幸せの種”を書きましょう

妊娠33週 周期的に寝たり起きたり

脳が発達して、20～40分おきに寝たり起きたりをくり返すようになり、サイクルがととのってきます。

妊娠9カ月に入ったママに、1日3回、同じ童話を朗読してもらったことがあります。生まれた赤ちゃんに何種類かの童話を聞かせたところ、おなかにいたときに聞いていた童話を好むことがわかりました。赤ちゃんは、おなかにいるときから、ママの声のトーンや速さ、リズムの変化などを聞き分けて、言葉の音のパターンを学んでいるようです。

「ママの声、いちばんよく聞こえたよ」

出産予定日まで2カ月をきりました。股関節をゆるめる体操やストレッチ、スクワットなどをおこなって、お産に向けて本格的に体をととのえていきましょう。

前置胎盤《ぜんちたいばん》と診断されている方は、安静入院や自宅安静が指示されることがあります。前置胎盤は、胎盤が赤ちゃんの出口をふさぐような場所に位置している状態で、痛みがないのにどっと出血する場合もあります。主治医の指示を守りつつ、胎盤をイメージして、「赤ちゃんを支えてくれて、どうもありがとう。どうか上に上がってね」とお願いしましょう。

双子の赤ちゃんは、このころお産になることもあります。おなかが張ったり出血があったりしたら、すぐに受診しましょう。

33週0日＝217日目

33週1日＝218日目

33週2日＝219日目

33週3日＝220日目

33週4日＝221日目

33週5日＝222日目

33週6日＝223日目

幸せなお産を迎えるワーク

「私は、○○○ができる、すばらしい人です」
○○○に当てはまる言葉を書きましょう

今週見つけた“幸せの種”を書きましょう

妊娠34週 肺が成熟してきました

生まれたあとに呼吸をしやすくする物質、肺サーファクタントが十分な量になり、肺の機能が成熟してきました。この週以降は、生まれてしまったとしても、呼吸に関するトラブルはぐっと減ります。胃腸も、未熟ですが、少しずつ機能しはじめます。顔の筋肉が発達して、表情が豊かになっていきます。つめは指先までしっかり伸びてきます。

「おなかの中は暗くてあったかかった。
できれば、ずっといたかった」

お産に向けて、食生活を再びチェックしましょう。

白砂糖をとりすぎると、ビタミンB群が消耗され、ミトコンドリアでつくりだされるエネルギーが減って、陣痛が弱くなります。また、お産のあと、子宮の収縮が悪いと弛緩《しかん》出血を起こしやすくなって、場合によっては危険なこともあります。ストレスがあると甘いものを食べてしまうママもいますが、ストレスは違うかたちで解消したいものです。

お産後の子育てを考えると、動物性の油脂や乳脂肪のとりすぎにも、注意が必要です。それらはママの血液をめぐり、おっぱいにも含まれてしまいます。すると、生まれた赤ちゃんの顔に湿疹ができやすくなるのです。

34週0日＝224日目

34週1日＝225日目

34週2日＝226日目

34週3日＝227日目

34週4日＝228日目

34週5日＝229日目

34週6日＝230日目

幸せなお産を迎えるワーク

「私は、○○○ができる、すばらしい人です」
○○○に当てはまる言葉を書きましょう

今週見つけた“幸せの種”を書きましょう

妊娠35週 ぷくぷくしてきました

個人差はありますが、赤ちゃんは、身長約45センチ、体重約2000グラムまで成長してきます。

皮下脂肪がどんどんついてきて、体のしわやひだが少なくなってきます。手足もぷくぷくとしてきて、ひじやひざにはくぼみもできてきます。

「おなかの中では、手も足も
べこんってかべにぶつかったの。
お顔もべたってくっついたんだよ」

妊娠後期に入ったら、妊娠高血圧症候群（妊娠中毒症）の発症に注意が必要です。健診で高血圧やたんぱく尿を指摘されたら、食生活や運動量を見直し、心身にストレスがかからないようにしましょう。

自分でチェックできる体調の変化は、むくみです。ひざから下を指で押してへこんだままなら、腎臓機能の検査が必要な場合もあります。それまで症状がなかったのに、いきなりむくみが出はじめ、急に悪化してしまうこともあります。一晩たってもむくみがひかないようなら、早めに受診しましょう。

また、妊娠後期は目が疲れやすいので、長時間のパソコン作業などは控えましょう。

35週0日＝231日目

35週1日＝232日目

35週2日＝233日目

35週3日＝234日目

35週4日＝235日目

35週5日＝236日目

35週6日＝237日目

幸せなお産を迎えるワーク

「私は、○○○ができる、すばらしい人です」
○○○に当てはまる言葉を書きましょう

今週見つけた“幸せの種”を書きましょう

DATE　／　／

赤ちゃんを感じるワーク

おなかの赤ちゃんを感じてみましょう
いま、赤ちゃんはどんな気持ちだと思いますか？

★喜んでいる
★イライラしている
★ワクワクしている
★何か言いたいことがある

赤ちゃんが伝えていると思うことを、
直感で書いてみましょう

この時期の赤ちゃんへ、メッセージを贈りましょう

パパ（上のお子さんや祖父母）にも、
メッセージを書いてもらいましょう

超音波写真などを貼りましょう

DATE ／ ／

PHOTO

直感をとぎすませて

赤ちゃんは、ママにいつもサインを発しています。たいていのママは、直感というかたちで赤ちゃんのメッセージを受けとっています。

たとえば、妊娠中に好んでよく食べていたものが、お子さんの好物だったということがあります。おなかの中にいたときに親しんでいた味だからかもしれませんが、もしかしたら、ママが直感で、おなかの赤ちゃんの好みを感じとっていたのかもしれません。

妊娠中は、ふいにうれしくなったり悲しくなったりすることがありますが、これも赤ちゃんの気持ちをママが感じとっている可能性があります。

以前、妊婦さんたちにパイプオルガンの演奏を聴いてもらい、赤ちゃんの反応を調べたことがあります。ある方は、それほど好きなタイプの曲ではないのに、「なぜかわかりませんが、涙が出ます」と、目頭を押さえられました。同時に胎動も激しくなり、赤ちゃんが音楽の影響を受けているのがはっきりとわかりました。

ママの好みと赤ちゃんの好みは、必ずしも同じではありません。

また、育児書がすすめるマタニティライフと、赤ちゃん本人の望

みが、いつも一致するわけでもありません。

ですから、いい悪いは頭だけで考えすぎず、直感をとぎすませて、赤ちゃんと相談しながら決めていくのが望ましいと思います。「こちらのほうがいいみたい」「今日はこれはやめておこう」となんとなく感じることは、赤ちゃんの思いであることが多いようです。

たとえば、多くの場合、おなかの赤ちゃんは、ママが甘いケーキを食べることを好みません。けれど、そうひんぱんでないなら、あまりいやがらない赤ちゃんもいるようなのです。そんな赤ちゃんなら、「ちょっと食べさせてね」と話しかけて了承をもらい、ウキウキしながら食べるなら、一緒に楽しむことができます。

迷ったときは、「赤ちゃんは何を望んでいるのかな」と、心を向けましょう。赤ちゃんの思いは、最初ははっきりわからなくてもかまいません。ただ、「あなたの気持ちを知りたい」という意志をしっかり示すことが大切です。

すると、言いたいことがすぐに伝わらなくても、信頼の絆が育まれて、コミュニケーションのパイプが少しずつ太くなります。赤ちゃんのメッセージも、しだいに受けとめやすくなっていくでしょう。

赤ちゃんの体が完成し、生まれる準備がととのいます。
いつお産が始まってもいいよう、
入院の準備をしておきましょう。
いよいよ赤ちゃんに会えますね。
大らかな気持ちで、お産を楽しみに待ちましょう。

妊娠10カ月

妊娠36週

心も体もよくあたためて

丸みを帯びた、ますます赤ちゃんらしい体形になってきます。肌はつやのあるピンク色になり、超音波検査では、顔立ちや表情がはっきりわかるでしょう。生まれたばかりの赤ちゃんと、見かけ上はほとんど変わらなくなってきました。

超音波検査で、赤ちゃんにへその緒がまきついているとわかることもあります。そんなときは、いたずらに不安がらず、赤ちゃんをイメージしながら、「楽に出てこられるように、ひもをゆるめてね」と、お願いしてみましょう。

「ママ、ぼくがおなかにいるとき、
アイス食べたでしょ。ぼく寒かったよ」

おなかの張りがひんぱんになってきます。張ったときは無理をせず横になって様子を見ましょう。また、おりものが増えてきます。赤ちゃんが産道を通りやすくするためで心配はありませんが、かゆみをともなったり、酒かすのような場合は、治療が必要なこともあるので主治医に相談してください。

お産に向けて、体も心もよくあたためましょう。冷たい食べ物や南国の果物は、体を冷やします。また、不安、おそれ、怒りなどの感情は、心を冷やします。このようなネガティブな感情に支配されそうなときは、心があたたかくなるようなうれしいこと、わくわくすることを、書き出してみるとよいでしょう。

36週0日＝238日目

36週1日＝239日目

36週2日＝240日目

36週3日＝241日目

36週4日＝242日目

36週5日＝243日目

36週6日＝244日目

幸せなお産を迎えるワーク

「私は、○○○ができる、すばらしい人です」
○○○に当てはまる言葉を書きましょう

今週見つけた“幸せの種”を書きましょう

妊娠37週　もういつ生まれても大丈夫

個人差はありますが、赤ちゃんの身長は約48センチ、体重は約2700グラム。すべての器官が完成して、元気に生まれる準備がととのいました。病気に対する免疫も、胎盤を通してママの体から移行していきます。

　この37週以降は、正常な時期のお産という意味で「正期産《せいきざん》」とよばれ、もういつ生まれてもおかしくありません。赤ちゃんは、子宮いっぱいに大きくなり、お産に向けて頭が少しずつ骨盤の中に入っていき、固定されます。

「ぐるんって回って、よいしょって出た」

お産にそなえて、子宮が下がり、骨盤がゆるくなってくると、足の付け根や恥骨、腰に痛みを感じる方も増えてきます。痛みをやわらげるにはマッサージや鍼灸などがおすすめです。

　このころになると、「お産はたいへん」という“常識”が気になって、不安が募る方もいます。たしかにお産は体力を消耗しますが、苦しいだけではありません。人間の体には、生き抜くための機能がきちんとそなわっています。陣痛のときも、痛みを打ち消すホルモンが脳に分泌されるしくみがあるのです。お産がこじれるかどうかには、心理的な影響も大きいもの。赤ちゃんとの絆に自信をもち、赤ちゃんと励ましあって、お産をのりこえてください。

37週0日＝245日目

37週1日＝246日目

37週2日＝247日目

37週3日＝248日目

37週4日＝249日目

37週5日＝250日目

37週6日＝251日目

幸せなお産を迎えるワーク

「私は、○○○ができる、すばらしい人です」
○○○に当てはまる言葉を書きましょう

今週見つけた“幸せの種”を書きましょう

生まれる日は赤ちゃんが決める

赤ちゃんは骨盤の中まで下りてきて、子宮の入り口に顔をつけて生まれる準備をしています。赤ちゃんがおなかの中で呼吸の練習をしていると、肺サーファクタントがつくられて、生まれてすぐ呼吸する準備がととのいます。サーファクタントが増えると、マクロファージという白血球の一種が子宮に入りこみ、子宮の筋肉の興奮を引き起こして、陣痛が起こります。

胎内記憶のある子どもたちは、「生まれる日を決めるのは赤ちゃんだよ」と言っています。赤ちゃんの肺から出るサーファクタントが陣痛を引き起こすなら、赤ちゃんが陣痛を起こすカギを握っているといってもいいかもしれません。

「出口がこのくらいの大きさになったとき、
不思議のトンネルに入っていった」

いつお産になってもいいように、入院に必要なものをバッグに詰めておきましょう。

お産では、思いもよらないことが起きることもあります。パパや実家などの緊急連絡先、産院の連絡先などは、あらかじめ一覧表にしておきましょう。一覧表は、自宅ではわかりやすい場所に置いておき、出かけるときはそのコピーを保険証と一緒に持ち歩くといいでしょう。

38週0日＝252日目

38週1日＝253日目

38週2日＝254日目

38週3日＝255日目

38週4日＝256日目

38週5日＝257日目

38週6日＝258日目

幸せなお産を迎えるワーク

「私は、○○○ができる、すばらしい人です」
○○○に当てはまる言葉を書きましょう

今週見つけた“幸せの種”を書きましょう

妊娠39週

赤ちゃんとママの共同作業

生まれたときの記憶でもっとも多いのは、「痛かった」「苦しかった」など、産道を通るときのことです。首をねじるまねをして「こうしないと出られないんだよ」とか、「ぼくは頭から出てきたよ」と言うお子さんもいます。

産道をくぐりぬけるのはたいへんですが、赤ちゃんにとっては、つらいだけの体験ではありません。外に出て、ママに会えるのを楽しみにしているのです。

「暗い道をぐるぐる回りながら出てきたの。
頭からまっさかさまに落っこちた」

赤ちゃんはママの気持ちに敏感です。「一緒にがんばろうね。会えるのが楽しみだね」と語りかけて、赤ちゃんを安心させてあげてください。赤ちゃんが狭いところを回転しながらくぐりぬけるイメージを思い浮かべて、「こんなふうに出てきてね」と語りかけるのもいいでしょう。

お産の始まりのサインには、「おしるし（出血）」「陣痛（子宮の収縮）」「破水《はすい》（赤ちゃんを包んでいる膜が破れて、中の羊水が出てくること）」の3つがあります。どれが最初に始まるかは人によりますが、サインがあったら、あわてずに病院へ行くか、主治医に連絡しましょう。極端な痛みが起こった場合は、すぐに病院へ行きましょう。

39週0日＝259日目

39週1日＝260日目

39週2日＝261日目

39週3日＝262日目

39週4日＝263日目

39週5日＝264日目

39週6日＝265日目

幸せなお産を迎えるワーク

「私は、○○○ができる、すばらしい人です」
○○○に当てはまる言葉を書きましょう

今週見つけた“幸せの種”を書きましょう

妊娠40週

あせらずあわてず

赤ちゃんは、生まれるタイミングを自分で決めます。中には、ゆっくり出ようとしているのに、周りの大人があせって処置をするため、困ってしまう赤ちゃんも。そんな子は、のちに「まだ眠かったのに起こされた」と文句を言うこともあります。

また、赤ちゃんの体にへその緒がまきついていて、お産がゆっくり進むケースもあります。ある方は、主治医に陣痛促進剤を頼んだところ、のちにお子さんに「ママがあわてるから、へその緒をゆるめられなくて、苦しかった」と言われたそうです。

「こうやって頭をくるっとして生まれたよ。
頭は細長いから時間がかかるの」

出産予定日を迎えましたが、早めに始まるお産もあれば、予定日を過ぎるお産もあります。陣痛がなかなか始まらないときは、赤ちゃんが元気か確認しながら、様子を見ましょう。

一度ついた陣痛が弱くなってしまうこともあります。お産がなかなか進まないときは、赤ちゃんがおなかの中でもう少し休んでいたいのか、出たいのに出られないで困っているのか、判断しなくてはなりません。医療介入が必要と判断されたときは、赤ちゃんに「あなたも苦しいだろうから、助けてあげたいの。これからこういうことをするけれど、一緒にがんばろうね」と話しかけ、心の準備をしてもらってから、処置に進むといいでしょう。

40週0日＝266日目
（出産予定日）

40週1日＝267日目

40週2日＝268日目

40週3日＝269日目

40週4日＝270日目

40週5日＝271日目

40週6日＝272日目

幸せなお産を迎えるワーク

「私は、○○○ができる、すばらしい人です」
○○○に当てはまる言葉を書きましょう

今週見つけた“幸せの種”を書きましょう

妊娠41週

もうすぐ会えますよ！

生まれたばかりの赤ちゃんも、周りの状況がよくわかっています。お誕生のころの記憶として、「まぶしかった」「寒かった」というものもあります。照明や室温は、赤ちゃんを驚かせない配慮がほしいところです。

赤ちゃんは、生まれてすぐ、人の顔などを意識して見つめることができます。おなかにいるとき、よく話しかけられていた赤ちゃんは、声を聞いてその人を見分け、ほほえみに似た表情を浮かべることもあります。

「生まれてくるときは
すごくうれしかったんだよ。
やっと本当におかあさんに会えるって」

予定日を過ぎている方も、心配はいりません、もうすぐ赤ちゃんに会えますよ。

赤ちゃんが生まれたら、なるべく早くふれあいを始めましょう。お産のあとすぐ、赤ちゃんをへその緒がついたまま抱きとり、おなかの上にのせてあげられるといいですね。肌と肌をじかに触れあわせると、泣いていた赤ちゃんも泣きやんで、自分からおっぱいを探しはじめます。おっぱいを含ませると、ママにはプロラクチンやオキシトシンといった、愛着をつくるホルモンが分泌され、赤ちゃんとの絆を深めるのに役立ちます。

41週0日＝273日目

41週1日＝274日目

41週2日＝275日目

41週3日＝276日目

41週4日＝277日目

41週5日＝278日目

41週6日＝279日目

幸せなお産を迎えるワーク

「私は、〇〇〇ができる、すばらしい人です」
〇〇〇に当てはまる言葉を書きましょう

今週見つけた“幸せの種”を書きましょう

DATE　／　／

赤ちゃんを感じるワーク

おなかの赤ちゃんを感じてみましょう
いま、赤ちゃんはどんな気持ちだと思いますか？

★喜んでいる
★イライラしている
★ワクワクしている
★何か言いたいことがある

赤ちゃんが伝えていると思うことを、
直感で書いてみましょう

この時期の赤ちゃんへ、メッセージを贈りましょう

パパ（上のお子さんや祖父母）にも、
メッセージを書いてもらいましょう

超音波写真などを貼りましょう

DATE　／　／

PHOTO

赤ちゃんのリズムを感じるお産

お産が近づくと、陣痛を不安に思う方もいますが、陣痛はつらいだけではありません。

陣痛は、弱い波から始まって少しずつ強くなり、徐々に痛みに体を慣らしていきます。また、陣痛の波はせいぜい１分程度、長くても１分半でおさまり、次の波がくるまで、痛みのない時間のほうが長く続きます。

しかも、陣痛が始まると、ベータエンドルフィンやドーパミンなど、至福をもたらすホルモンが分泌され、それらは陣痛がないときにも分泌されつづけます。ですから、前の陣痛の痛みにこだわらず、次の陣痛をこわがらずにいると、陣痛のあいま、心地よさにまどろむこともあるのです。

赤ちゃんは、陣痛という波にのって外に出てくる、サーファーのようなものです。赤ちゃんは、向きを変えたり、ひと休みしたり、工夫しながら外に出ようとしています。

お産は、ママと赤ちゃんの共同作業です。姿勢も呼吸も、頭でいろいろ考えず、自分が本当に好きなようにふるまうと、命の流れを妨げずにすみます。

赤ちゃんが、いまどのように動こうとしているか、イメージしてください。陣痛が遠のいたら、赤ちゃんと一緒に休みます。赤ちゃんがいよいよ外に出ようとしたら、丹田《たんでん》（おへそと恥骨の中間部）

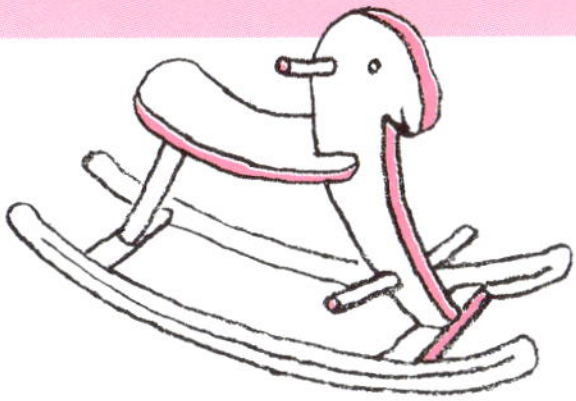

に力を入れていきみ、赤ちゃんを応援しましょう。赤ちゃんのリズムをママが感じとり、それに合わせてあげることが、お産をスムーズにするポイントです。

お産のペースには、赤ちゃんの性格が反映されるようです。せっかちな赤ちゃんはあっというまに外に出てきますが、のんびりやの赤ちゃんは、お産の進み方もゆっくりです。

一般に、安産というと、陣痛から分娩まで時間がかからないお産を指します。けれど、ゆっくりのお産にもメリットがあります。時間をかけて産道を下りると、胸が圧迫されて羊水が吐き出されるため、生まれたあと、肺に羊水を吸いこむトラブルが減ります。また、赤ちゃんが、体にからんだへその緒をほどくために、わざとゆっくり出ようとすることもあるようです。

赤ちゃんにとっていいお産かどうかは、かかった時間によって決まるわけではありません。以前、お産に5日間かかった赤ちゃんがいましたが、「待ってくれてありがとう」というかのような、満足しきったお顔で生まれました。

どんなお産も、あなたと赤ちゃんにとって、かけがえのない出会いになります。自分のお産を、頭で考えた「理想のお産」とくらべる必要はありません。リラックスして、赤ちゃんとの出会いを楽しみに待ちましょう。

お誕生おめでとう！

PHOTO

赤ちゃんのとびきりの1枚を貼りましょう

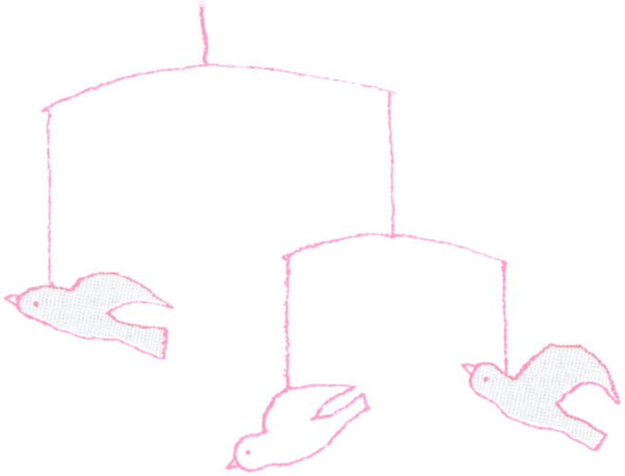

生まれた日

年　　月　　日（　　）

生まれた時間

時　　分

生まれた場所

身長・体重

cm　　g

なまえ

なまえにこめた思い

お産の経過

生まれたときのようす

生まれたときの気持ち

イメージしたとおりのお産ができましたか？

お産でうれしかったことは何ですか？

お産でモヤモヤしている気持ちはありますか？
そのモヤモヤを色にたとえると、何色ですか？
また、何色に変わればスッキリしますか？

このお産で学んだことは何ですか？

赤ちゃんは、将来どんな人になってほしいですか？

そのために、あなたができることは何ですか？

そのために、パパにしてほしいことは何ですか？

祖父母など周囲の人にもしてほしいことがあれば
書きましょう

赤ちゃんは、表情やしぐさで気持ちを伝えます。
赤ちゃんが泣くのも、コミュニケーションのひとつ。
妊娠中の絆づくりの成果を楽しんでくださいね。
ママの体はゆっくり回復します。あせらずに。

産後1カ月

のんびりといきましょう

産後１週間はホルモンバランスがくずれ、４割のママがマタニティブルーズを経験します。思うように体が動かないときは、「できなくて当然」と思ってマイペースで過ごしましょう。産後は、あまり早くから動き回らないほうがいいのです。家事はなるべくほかの人に手伝ってもらい、心と体を休めましょう。

赤ちゃんとママの絆を深めるホルモンのオキシトシンは、考えこんだり目を使ったりすると、分泌されにくくなります。携帯電話、パソコン、テレビから離れて過ごしましょう。右ページのダイアリーは、産後２週間ぐらいは心に記すことにして、あとで思いだして書くか、パパに代筆してもらうといいですね。

絆を深めるには、ベビーマッサージもおすすめ。赤ちゃんの肌は「第２の脳」とよばれるほど敏感です。マッサージをすると、赤ちゃんはママのぬくもりと愛をたっぷり受けとります。

赤ちゃんがなぜ泣いているのかわからなくて、困ることもあるでしょう。赤ちゃんにもきちんと感情があり、理由があって泣いています。赤ちゃんの気持ちになって考え、時には赤ちゃんに聞いてみるのもいいでしょう。そして、赤ちゃんが穏やかなときは、ゆったりとした時間を楽しみましょう。

生まれたときから目が見えていたり、笑ったり、おしゃべりする赤ちゃんもいます。赤ちゃんのしぐさや表情を注意深く見てください。きっと気持ちが通じあうはずです。

●この週は、体、目、心をゆっくり休めましょう。
ダイアリーはなるべく書かないこと。
書く場合は、産後３週目以降にしましょう

産後2週目　つながりを育むときです

赤ちゃんとの巣ごもりを楽しむ時期です。疲れが出やすいので、なるべく体を休め、携帯電話、パソコン、テレビは、引き続き使わないようにしましょう。パパにマッサージしてもらうのもいいですね。不安が出やすく、孤独を感じるママもいますが、自然な心の流れです。この時期を、自分の心と向きあい丁寧に過ごすなら、貴重な人生体験になります。心を打ち明ける相手を探しておくといいでしょう。

日常に不便を感じることが増えますが、ママとしての直感も冴えてきます。赤ちゃんの小さな変化を敏感に感じとれるので、つながりを育むのに大切な時期です。うんちやおしっこを表情やしぐさで教える赤ちゃんもいるので、よく観察しましょう。おむつなし育児をするなら、そろそろおまるを使いはじめます。

子育てがつらいのに、家族に援助を頼めないときは、保健所などに相談してください。自治体によって、産後ヘルパーの派遣や保健師の訪問など、さまざまな支援サービスがあります。産褥入院できる助産院や、その入院に補助が下りる自治体もあります。

上のお子さんには、たくさん話しかけ、肌のふれあいを心がけましょう。強いものが弱いものを守ることを教える、よい機会です。上のお子さんの手と赤ちゃんの手をくらべて、「大きな手の人が、小さな手の人を守るんだよ」と教えてあげてください。

- この週は、体、目、心をゆっくり休めましょう。
  ダイアリーはなるべく書かないこと。
  書く場合は、産後３週目以降にしましょう

産後3週目 つらい時期は続かない

元気のもとであるホルモンのエストロゲンがあまり分泌されなくなるので、幸せなお産をしたママも、感情の起伏が激しくなったり、うつっぽくなったりしがちです。つらい状態がいつまで続くのか、このままやっていけるのか、不安になることもあるでしょう。

パパやご家族の方へ心に留めていただきたいのは、ママの気持ちが揺れるのは、自然な現象だということ。ママが心を打ち明けたら、話を最後まで聞き、共感する聞き方に徹してください。背中をさするなどしてなぐさめ、「つらい時期は長くは続かないよ」「必ず元気になるからね」と励ましてあげてください。

共感と励ましを体験することは、子育てにとても役立ちます。いずれお子さんが大きくなったら、自分がこのとき望んだように、お子さんの話をよく聴き、共感し、励ましてくださいね。

ママの気持ちのあり方によって、分泌されるホルモンは質も量も変わります。心が安定しているときに分泌されるホルモンは、おっぱいをおいしくし、怒ったり不安にかられたりすると、おっぱいの味は悪くなります。おっぱいをあげるときは、赤ちゃんの目を見て、意識して笑いかけましょう。つくり笑いでいいので笑顔を心がけると、おっぱいはおいしくなり、赤ちゃんはママをまねてかわいい笑顔を見せてくれます。ほほえみながら話しかけると、お返事する赤ちゃんもいます。

産後4週目

よくがんばりました

赤ちゃんが生まれて1カ月は、最高の幸せを感じるいっぽう、心身ともにつらい時期でもあります。そんな時期を乗り越えた自分を、大いにほめてください。産後1カ月の記念に、お産を振り返るのもいいですね。p.156-157のワークをこのころにしてみるのもよいでしょう。

ママの体調は妊娠前と同じくらいに回復します。1カ月健診で主治医の確認を得たら、入浴も外出も自由にできます（状態がよければ、もう少し前に日常生活にもどれる方もいます）。そろそろ家事を始めてもいいので、体調がゆるす範囲で、暮らしのリズムを取りもどしていきましょう。

赤ちゃんの表情やしぐさは、どんどん豊かになっていきます。おむつがぬれているのか、おなかがすいているのか、寒いのか、眠いのか、赤ちゃんはいつもママに訴えています。注意深く観察し、直感をとぎすませるなら、赤ちゃんの表情やしぐさから、何を望んでいるのかわかるようになります。

笑顔を向けて語りかけ、「あなたをわかりたい」というメッセージを送りつづけていると、赤ちゃんもママに思いを伝えようと工夫するようになります。ベビーサインやベビー手話を学ぶのもいいでしょう。ベビーマッサージもおすすめです。たくさん語りかけて、たくさん抱っこしてください。豊かなコミュニケーションとともに、子育てを楽しみましょう。

●産後１カ月が経過するこのころに、
p156-157のワークをしてみるのもいいでしょう

これから始まる楽しい子育て

赤ちゃんとの暮らしを楽しんでいますか？

子育ては、予想外のできごとの連続です。しかも、お産のあとはホルモンバランスが乱れるので、気持ちが揺れ動く方が少なくありません。

赤ちゃんはかわいくても、慣れないお世話で疲れがたまっているのかもしれません。あなたがすべてを抱えこまなくていいのです。周りの人に、じょうずにサポートを求めましょう。そして、さしのべられた手に、感謝しましょう。

赤ちゃんの笑顔は、子育てを楽しむ原動力になります。赤ちゃんは、大好きなママの表情をまねます。赤ちゃんの笑顔が見たかったら、あなたが意識的に笑顔をつくることです。

本人の思う「ふつうの顔」は、はたから見ると、たいてい悲しげな表情でしかありません。あえて笑顔をつくるとようやく、周りの人からもそう見えるのです。ママの笑顔を見た赤ちゃんは、やがて愛らしい笑みを返すようになります。

赤ちゃんは、愛すること、愛されることを伝えに、あなたのもとにやってきました。赤ちゃんからも周りの人たちからも、たくさんの愛を受けとってください。そして、不足しているものを数えるのではなく、いまある喜びに気づいてください。

私は最近、ある方から、印象的な話を聞きました。その方はかつて、「生きようが死のうが、自分の命は自分のもの」と思っていました。ところが、娘さんが生まれて、目と目が合ったとき、「この子のために、自分は死ねない。生きなくては」と思ったそうです。

娘さんが大人になったとき、その方はそのときの気持ちを伝えて、「あなたが生まれて、自分の命が2倍になった。命を輝かせてくれてありがとう」と言いました。

すると、娘さんはしばらく考えたのち、「私が生まれて、お父さんの命が輝いたというなら、赤ちゃんが生まれると、周りの人の命が輝くということなのね。ということは、私ひとり生まれたとき、私を中心に光が広がっていって、世界中の命が輝いたということね」と言ったそうです。

新しい命が生まれるということは、この世すべての人々の命が輝くことです。

そんな偉業をなしとげた、あなたと赤ちゃんに、
心からの感謝と祝福を贈ります。
生まれてくれて、ありがとう。
産んでくれて、ありがとう。

memo

memo

●妊娠中におすすめの本

『いのちへ』にしだひろみ（南の風社）

『自分をえらんで生まれてきたよ』いんやくりお（サンマーク出版）

『おたんじょう おめでとう』橋本昌彦／葉祥明ほか（中央法規出版）

『赤ちゃんが泣きやむ！すぐ眠る！「ママの心音」CDブック』池川明（マキノ出版）

「胎内記憶」シリーズ　池川明（二見書房・巻末参照）

●妊娠中におすすめの音楽

「ママ大好き」柴田浩子

「いっぱい大好き」水谷ゆう（ユニバーサルJ）

「あのね」菊川智子（MEBUKI Records）

「雲の上から」菊川智子（MEBUKI Records）

「Hello my mom!」AKIRA（AKIRA BEST ALBUM I ソウルメイト所収）

「ぬくもりのきおく」橋本昌彦（Masa Meets Music）

●赤ちゃんがごきげんになるおすすめの音楽

「ほーら、泣きやんだ！」シリーズ　神山純一 J PROJECT（HiHiRecords）

「マタニティ・リラックス・ミュージック」宮下富実夫（HiHiRecords）

●妊娠中の心音を録音するCDサービス

「安心音」http://heart.i-shinon.com/anshinon/

●〈幸せなお産を迎えるワーク〉の「私は、〇〇〇ができる、すばらしい人です」は、癒しのサロンsunsmileのセルフリーディング・チャクラ講座で行なっている第三チャクラの活性化ワークをもとに、妊婦さん向けにアレンジさせていただいたものです。
癒しのサロンsunsmile　http://www.k2.dion.ne.jp/~sunsmile/

絵　高橋和枝
ブックデザイン　生沼伸子
執筆協力　矢鋪紀子

赤《あか》ちゃんとママの幸《しあわ》せマタニティダイアリー

著者　池川　明

発行　株式会社二見書房
東京都千代田区三崎町2-18-11
電話 03(3515)2311[営業]
03(3515)2314[編集]
振替 00170-4-2639

印刷・製本　図書印刷株式会社

ISBN978-4-576-13094-1